Tom White · Unternehmen Kuba

Tom White

Unternehmen Kuba

Stephanus Edition Uhldingen/Seewis

ISBN 3-921213-79-7
Titel der Originalausgabe »Missiles over Cuba«, Uplift Books Calif.

Übersetzt aus dem Amerikanischen von Ulrike Heinzelmann.
Titelbild J. Schlunke
Herstellung: Stephanus Druck GmbH · 7772 Uhldingen 1
1. Auflage 1987

WIDMUNG

Dem unbekannten Bruder in Christo, der das Fadenkreuz in Zelle 44 zurückließ und den ungezählten leidenden Kämpfern Gottes, deren Geschichte auf Erden nie erzählt werden wird. Einmal werden wir uns zu Füßen unseres himmlischen Kommandanten treffen.

DANK

Mein innigster Dank geht an die Christen in Europa für ihre Gebete, Briefe und Opfer, die sie mir während meiner Zeit in Castros Gefängnissen zuteil werden ließen. Ich überbringe Euch die Freude und Liebe Eurer kubanischen Brüder in Christo.

Hinweis

Der Kubaner Armando Valadares, der als christlicher Dichter 22 Jahre in Fidel Castros Gefängnissen verbrachte, beschreibt in seinem vor Kurzem erschienen Buch die Begegnung mit Tom White im Gefängnis von Havanna. Für den amerikanischen Piloten wird diese Begegnung zu einem Erlebnis mit besonderer Wirkung, das dazu beiträgt, das vorliegende Buch »Unternehmen Kuba« zu verfassen. Valadares und White sind zwei Kronzeugen dafür, daß im lateinamerikanischen Kommunismus Verfolgung und Leid von Christen ebenso groß sind wie in den klassischen kommunistischen Ländern, und daß es nur der christliche Glaube ist, der den haßerfüllten Marxismus, gleich welcher Nationalität, überwinden kann.

Manche Namen sind zum Schutz derer, die noch am Leben sind, geändert worden.

INHALTSVERZEICHNIS

Prolog

Der große russische Lastwagen rollte quietschend und ächzend unter seiner schweren Ladung langsam vor die kubanische Zuckermühle. Der Vorarbeiter der Mühle unterbrach die Unterhaltung mit seinem Gehilfen, als er die merkwürdige Fracht bemerkte, die dicht an dicht auf den Lastwagen gepackt war.

»Das muß wohl ein Irrtum sein«, murmelte er. »Was sollte ich auch mit Hunderten von kleinen Schachteln anfangen?«

Als er den Wolga entdeckte, der dem Lastwagen folgte, ging er neugierig zu dem Auto hinüber und klopfte an die Fensterscheibe. Der Fahrer des Wagens bremste kurz und kurbelte sein Türfenster herunter. Die kleine Karte in seiner Hand sagte alles: G-2. Polizei für Innere Sicherheit. Von manchen Leuten als der kubanische KGB bezeichnet, ist sie nach russischem Vorbild aufgebaut. Eine Erklärung war nicht notwendig, und es wurde auch keine gegeben.

Als der Lastwagen neben der riesigen Stahlmühle hielt – große Trommeln mit Hunderten von Zacken – näherten sich etliche Arbeiter, um nachzusehen, was in den Schachteln sei. Als sie jedoch den strengen Blick ihres Chefs bemerkten und die Geheimpolizisten aus dem Wolga steigen sahen, wandten sie sich rasch ab. Ein Schalter wurde betätigt und mit ohrenbetäubendem Lärm begannen die Trommeln sich zu drehen. Vier Soldaten begannen den Lastwagen abzuladen. Als der Inhalt der Schachteln in die Trommeln geworfen wurden, zerfetzten, vermengten und zerkauten die rotierenden Klingen den Inhalt zu süßem Brei, aber nicht aus Zukkerrohr. Die Süße war von reicherer Art und Güte, denn die Maschine zermalmte Gottes Worte der Wahrheit, des Lichtes, der Liebe und des Erbarmens, nämlich Bibeln. Die Mühle ragte unbeweglich über dem flachen Horizont auf, umgeben von einem Meer wogenden Zuckerrohrs. Als der Bibelbrei brannte, trat stoßweise Rauch aus dem Schornstein, der träge gen Himmel stieg.

Einhunderttausend Bibeln wurden an diesem Tag in das hungrige Maul gestopft. Nur die ledernen Einbandhüllen blieben verschont und wurden zu Geldbörsen verarbeitet.

Dr. Herbert Caudill, ein Baptistenpfarrer, der zu jener Zeit auf Kuba lebte, berichtete von vielen derartigen Vorkommnissen, in deren Verlauf Bibeln und andere christliche Literatur vernichtet wurden. Daran hat sich nichts geändert. Heute, mehr als ein Jahrzehnt später, berichten der kubanische Geistliche Alexander Noble und viele andere Christen vom »versehentlichen« Verbrennen von 27 000 Bibeln in einem Lagerhaus in Havanna, nachdem 3 000 Exemplare mit freundlicher Miene und entsprechenden Fotos offiziell verteilt worden waren – für leichtgläubige westliche Christen, die an solche Täuschungsmanöver nicht gewohnt sind. In früheren Zeiten verbrannten Christen böse Bücher (Apostelgeschichte 19, 18. 19). In Havanna verbrennen die »Bösen« christliche Bibeln.

Während meiner vierjährigen Tätigkeit als Lehrer an einer christlichen High School (höhere Schule) auf Grand Cayman, einer britischen Kolonie südlich von Kuba, hatte ich Bücher von Richard Wurmbrand, Haralan Popow und Bruder Andrew gelesen. Ihre Berichte über das Leiden und die Siege von Christen unter dem

Kommunismus ergriffen mich. In verschiedenen kirchlichen Publikationen las ich jedoch Berichte über Religionsfreiheit und reichlich vorhandene christliche Literatur in kommunistischen Ländern. Wem sollte ich Glauben schenken?

Heutzutage kann man Pfarrer und Priester finden, die alle Tatsachen positiv beantworten oder abstreiten. Ich stand vor einer herausfordernden Aufgabe. Sollte ich nach dem Licht und der Wahrheit suchen oder bequemlichkeitshalber in Unkenntnis blind bleiben?

Im Sommer 1972 flog ich nach Amerika, um mehr über diese Berichte zu erfahren. Nachdem ich an verschiedene Organisationen geschrieben hatte, erhielt ich ein Antwortschreiben von Michael Wurmbrand, in dem es hieß: »Ihr Schreiben ging bei uns ein, als wäre es von Gott geschickt.« Ich war neugierig geworden. Warum gebrauchte er eine so dramatische Sprache? War das die übliche evangelische Ausdrucksweise? Als wir uns in einem Restaurant in Los Angeles trafen, erklärte mir Michael: »Genau zu der Zeit, als wir Ihren Brief erhielten, führten wir Telefonate und suchten jemanden von Ihrer Insel. Wir hatten erkannt, daß die geographische Lage dieser Insel für Operationen auf Kuba überaus geeignet ist«, erklärte er begeistert.

Der Heilige Geist, so erkannte ich, führt bessere Telefonate als wir. Wir besitzen ein schnelleres Kommunikationsmittel als das Telex, nämlich *Tele-Gott.*

Michael zog ein mit Plastikfolie verpacktes Päckchen mit Neuen Testamenten aus seiner Hosentasche und legte es auf den Tisch: »Wir werfen solche an bestimmten Stellen im Ozean ab«, sagte er lächelnd. »Die Strömung trägt sie an die Ufer Chinas, Albaniens und Teile der Sowjetunion, die weniger zugänglich sind.«

Kuba sei vollkommen unzugänglich, eine »Insel umschlossen von Wasserketten«.

Diese Methode der Verteilung ist umstritten. Etliche christliche Brüder, die ich schätze, nennen sie verschwenderisch. Möglicherweise könnten Touristen oder Geheimkuriere wirksamer sein. Das Brot des Lebens auf Gewässern abzuwerfen, ist in der Tat ungewöhnlich. Flüchtig betrachtet, mag es sogar töricht erscheinen. William Tyndale benutzte jedoch eine ähnliche Methode, um den einfachen Menschen im England des 16. Jahrhunderts mit dem Wort Gottes bekanntzumachen: Er versteckte die Heilige Schrift in Baumwollballen, die nach England verschifft wurden. Wären seine ungewöhnlichen Methoden nicht gewesen, hätten die englischen Nachkommen möglicherweise erst ein Jahrhundert später die christliche Botschaft bekommen.
Für Christen, die eine dieser beiden Ansichten vertreten, ist es einfach, die Tyndale-Geschichte zu akzeptieren, weil sie Geschichte ist. Es gibt Hunderte von ähnlichen »akzeptablen« Berichten. Die Methoden von heute sind jedoch nicht so leicht zu akzeptieren, da sie uns verwirren. Wenn man uns von der Tyrannei und den Heldentaten Gläubiger berichtet, bleiben auch wir häufig neutral, bevor wir eine klare Stellung einnehmen. Es ist uns lieber, wenn man uns vorsagt, was wir glauben sollen. Das ist die große Gefahr, daß wir aufgrund unserer Bequemlichkeit die Hilferufe unserer Brüder in der Knechtschaft nicht hören. Im Laufe der Woche, die ich mit Michael verbrachte, traf ich auch seinen Vater, Pfarrer Richard Wurmbrand. Der rumänische lutherische Pfarrer litt 14 Jahre lang unsagbare Qualen unter den

Nationalsozialisten und Kommunisten. Seine Ehefrau Sabine darbte vier Jahre in kommunistischen Arbeitslagern. In den darauffolgenden sieben Jahren, in denen ich mich mit der gefährlichen Lage von Christen in unterdrückten Ländern befaßte, waren Gläubige aus Rumänien, Bulgarien und Rußland bei mir zu Gast. Sie alle — ehemalige Gefangene um ihres Glaubens und Zeugnisses willen, Vasile Rascol, Pfarrer David Klassen und andere — waren lebendige Zeugen der Gegenwart und nicht der Vergangenheit. Diese Beispiele von Heiligen unter Beschuß machten mir Mut, als ich es am nötigsten brauchte.

Als ich in jenem Sommer nach Grand Cayman (Insel in der Nähe Kubas) zurückflog, ratterte das Verkehrsflugzeug durch den genehmigten Luftkorridor über Kuba hinweg. Ich dachte an meine erste geschäftliche Überquerung vor einem Jahr. Meine Bibel lag wie damals bei Psalm 139, 9. 10 aufgeschlagen auf meinem Schoß:

»Nähme ich Flügel der Morgenröte
und bliebe am äußersten Meer,
so würde auch dort deine Hand mich führen
und deine Rechte mich halten.«

»Was für ein schöner, passender Vers«, flüsterte ich. Wie auch andere Stellen der ganzen Heiligen Schrift sollte er in zukünftigen Tagen sogar noch kostbarer werden.

Als das Düsenverkehrsflugzeug bei seinem Landeanflug auf Grand Cayman erleichtert zu sein schien, erfüllte mich ein Schicksalsahnen. Dort unten lag eine Insel in Knechtschaft, zusammengepfercht mit Massen Hungriger, hoffnungslos und auf der Suche nach dem Licht, tappte die Menge hilflos in ihrer Dunkelheit. Wer würde den Schleier lüften? Wer würde ihren Herzen Lebens-

kraft geben? Ich war bereit, mich freiwillig zur Verfügung zu stellen, aber wie? Dann, als der silberne Mond über dem Wasser tanzte, begann eine Idee Gestalt anzunehmen. Heißt es in der Schrift nicht: »Laß dein Brot über das Wasser fahren; denn du wirst es finden nach langer Zeit« (Pred. 11, 1).
Ja, das Meer würde ein Bote der Hoffnung, ein Bote des Lichts werden. Mit dem Bibelabschnitt »Flügel der Morgenröte«, der in meinem Herzen brannte, dämmerte auch noch eine weitere Einsicht. Selbst der Himmel würde seine Botschaft der Wahrheit abwerfen ...
Christliche Literatur vom Flugzeug abzuwerfen, ist keine neue Methode. Trans-World-Missions hat das schon jahrelang über Mexiko und anderen Ländern praktiziert. Bill Bright und Dick Halverson erprobten es über Teilen von Südkalifornien. Missionspiloten warfen über Dschungelgebieten Geschenke, Bilder und Flugblätter ab. Diese höchst ungewöhnliche Methode der Evangeliumsverkündigung erhitzt gewöhnlich die Gemüter in manchen Teilen der christlichen Gemeinde. Vielleicht ist nur etwas »Feuer« gerechtfertigt. Aber nicht viel. Die sieben Jahre in denen ich regelmäßig Literatur über und vor Kuba abwarf, war keine Tätigkeit à la James Bond mit Versagen nach blendendem Start, umhüllt von einem dürftigen, christlichen Schein. Es war eine überlegte Anstrengung, die Insel des Schreckens mit dem Evangelium der Liebe zu durchdringen. Manche betrachten das Schmuggeln von Gottes Wort als zu fremdartig für christliches Streben. »Warum soll man James Bond spielen und der Obrigkeit trotzen?«, argumentieren sie. »Laßt uns Derartiges unter Kontrolle halten! Es gibt legale Mittel und Wege. Schließlich sagt ja

der Apostel Paulus, daß wir die Obrigkeit respektieren sollen. Gott bestimmt die Herrschenden, nicht wahr?«

Es ist nicht Sinn und Zweck dieses Buches, über diese Frage zu diskutieren. Alles, was des Kaisers ist, müssen wir dem Kaiser geben. Einige Dinge gehören ihm nicht.

Zur Zeit Jesu befürchtete die Obrigkeit, daß der lebendige Christus sie in eine politisch unsichere Lage versetzen würde. Sie verdrehten geistliche Fragen, um ihnen einen politischen Anstrich zu geben. Diese Irreführung war der entscheidende Faktor bei Jesu Tod. »Lassen wir ihn so«, überlegten sie, »werden die Römer kommen und nehmen uns Land und Leute« (Joh 11, 48).

Ein anderes Mal standen Petrus und die anderen Apostel vor eben jenen Männern und forderten: »Wir sollten Gott mehr gehorchen als den Menschen« (Apg 4, 19).

Indem Rahab Verrat an ihrem Land beging, gehorchte sie dem höheren Gesetz Gottes, als sie die Kundschafter über die Mauer hinabließ (Josua 2, 15). Gott ehrte ihren Glauben in Hebräer 11. In der Apostelgeschichte heißt es, daß Paulus nach Jerusalem und später nach Rom ging — in Fesseln. Er fügte sich willig der Obrigkeit, aber nur weil er wußte, daß es Gottes Plan war (Apg 19, 21; 21, 13-14; 23, 11). Wir brauchen geistliche Weisheit, um zu wissen, wann Unterwerfung das geistliche Amt fördert und wann sie es hindert. Paulus, der in zivilen Angelegenheiten Untertänigkeit predigte, flüchtete oft vor der Obrigkeit, weil sie Gottes Werk zu zerstören suchte.

Paulus definiert im ersten Brief an Timotheus 2, 2, in Römer 13, 3, Hebräer 13, 17 sowie im ersten Petrusbrief 2, 14, was Amtsgewalt ist. Die ganze Geschichte hindurch hat Gott gemäß dieser Definitionen Obrigkeiten

unter gewissen Bedingungen unterstützt. Er hat jedoch keine Achtung vor der Obrigkeit, wenn sie Ihm (Gott) nicht gehorcht. Der Pharao wurde mit Plagen bestraft. Herodes starb aufgrund seiner Abtrünnigkeit unter furchtbaren Qualen. Wie oft schon durchkreuzte Gott das zivile Recht und befreite seine Jünger in der Apostelgeschichte aus dem Kerker?
Die unaufhörliche Erfüllung des großen Auftrags ist unsere vorrangige Aufgabe. Das ist unsere höchste Berufung. Gott benutzte Samuel und dann David mit Jonathan, um Sauls geistliche Autorität zu umgehen. Da König Saul »sich von meinen Wegen abgewendet und meine Gebote nicht erfüllt hat«, wies Gott seine Herrschaft zurück (1. Sam 16, 1-3; 15, 11). Auf der Grundlage der Heiligen Schrift werden kommunistische Obrigkeiten in Gottes Augen nicht anerkannt. Das Schmuggeln christlicher Literatur ist nicht illegal, da Gott unsere höchste Autorität ist und uns aufgetragen hat, mit dem Evangelium in alle Welt zu gehen.
Leider sind wir hier im Westen in unserer Denkweise zwischen Christusnachfolge und Obrigkeit mitunter inkonsequent. Warum billigen wir christliche Rundfunksendungen auf Kurzwelle in kommunistische Länder, verabscheuen aber verschiedene »Schmuggel«-Techniken, weil sie düster und täuschend wirken? Worin besteht der Unterschied zwischen dem gesprochenen und dem gedruckten Wort? Wenn unsere Rundfunksendungen in die Sowjetunion und nach Kuba gehen, sind sie dann aus kommunistischer Sicht legal? Wenn dem so ist, warum haben dann die Sowjets Milliarden von Rubeln für leistungsstarke Störsysteme in diesen Ländern ausgegeben?

Moralistische Terminologie kann uns dazu verleiten, die Situation zu intellektualisieren. Ich habe von hungrigen Schafen gehört, die nichts zu essen bekommen, und Jesus sprach: »Füttere meine Schafe.« Ich habe von einem Land, Kuba, gehört, das offiziell eine religiöse Pille akzeptiert, sie jedoch ausspuckt, indem es Bibeln vernichtet. Wenn ein kranker Patient eine Tablette nicht auf normalem Wege schlucken will, dann müssen wir wie die behandelnden Ärzte eine »unorthodoxe« Methode anwenden, die das Herz eines manchen Kindes zu Tode erschreckt: Wir müssen eine Injektion direkt in den Blutkreislauf verabreichen.
Ironischerweise greifen viele Christen wie auch Kommunisten das Schmuggeln von Literatur in demselben Punkt an. »Man soll Politik nicht mit dem Evangelium vermischen«, so disputieren sie.
»Man soll nur das *reine* Evangelium predigen.«
Johannes der Täufer verlor seinen Kopf, weil er das Evangelium auf Herodes' Sünde anwandte, die Frau seines Bruders zu heiraten. Stephanus, der erste christliche Märtyrer, wurde gesteinigt, weil sein »reines Evangelium« das Synedrium des Mordes beschuldigte. Das Licht der Wahrheit des Evangeliums erleuchtet einige, während es andere bloßstellt. Es ist nicht ein positives oder negatives Licht, ein religiöses oder politisches Licht, sondern ein reines Licht, das durchdringt jeden Bereich unseres Lebens. Die Welt liebt nicht das Licht der Bloßstellung, da es das Böse offenbart. Dennoch besteht unsere Aufgabe als Kinder des Lichts darin, die Welt mit dem hellen Glanz von Gottes Wahrheit zu durchdringen.
Diesem Zweck widme ich dieses Buch. Meine Ge-

schichte ist nicht die Geschichte des Triumphes eines Menschen über ein System. Es ist ein Zeugnis von der siegreichen Liebe Gottes, seinem treuem Geleit und seiner geduldiger Unterweisung in einer ideologischen Hölle.

Tom und Ofelia White mit Kindern Dorothy und Daniel

I

»Eight Zero Juliet ... Mayday! Mayday!«

Die Nacht brach herein, als wir uns an unserer ersten Funkfeuerkontrollstelle über Punta Alegre der kubanischen Küste näherten. Mel Bailey kämpfte damit, das schwankende Flugzeug trotz eines starken, böigen Seitenwindes auf Kurs zu halten. Als wir mit der 85 Kilometer langen Überquerung begannen, öffnete ich gewaltsam die hintere Tür der Cherokee Six und lehnte sie mit Hilfe von Pappkartonstücken an. Wegen des starken Luftdrucks gegen die Tür gab ich mein kompliziertes Vorhaben rasch auf, eine gewisse Menge von Evangeliumsliteratur pro Minute abzuwerfen und begann, so schnell ich konnte zu arbeiten. Wir würden nur zwanzig Minuten über Land fliegen. Ich stützte mich ab, murmelte ein Gebet um Stärkung zu Jesus und begann die Schnüre der fünf Pfund schweren Bündel durchzuschneiden und sie hinauszuschleudern.

Inzwischen hatte Mel Schwierigkeiten mit der Funkverbindung zu Havanna und hatte die Frequenz eingestellt, um mit Camaguey zu sprechen.

»Camaguey-Zentrale, hier Cherokee Eight Zero Juliet. Wie ist euer Wetter über Kuba?« rief er.

»... Zero Juli ... keine bedeutsa... Wett... Sicht ...«, knatterte das Funkgerät unbeweglich.

»Camaguey, wir nähern uns einem Gewitter. Könnt ihr uns über Funk hier einweisen?«

»Negative ... Eight ... 'ro Juliet«, antwortete der Kontrollposten schwach.

»Habt Ihr uns auf Radar, Camaguey?«

»Negative ... Zero Juliet«, kam die Stimme wieder. Vielleicht bannte der Sturm uns aus ihrem Bildschirm. Unter uns konnte ich die Lichter von Häusern, Autos und Straßen wie winzige Juwelen in der Dunkelheit schimmern sehen. Würde man die Traktate finden? Würde man sie lesen? Würde die gute Saat von Gottes Liebe und Hoffnung in die Herzen dort unten gepflanzt werden? Ich hatte keine Möglichkeit, das zu erfahren, aber trotz seiner Wildheit war der Sturm ein großer Segen in Gottes Plan. Wir waren im Begriff, die Antwort auf meine Fragen zu erfahren.

Wir erreichten die Südwestküste Kubas und überquerten genau im Abflug den Funkfeuerkontrollpunkt Simone Reyes. Als wir das Land hinter uns zurückließen, hatte ich gerade das letzte Schriftenbündel abgeworfen.

»Die Traktate sind alle!« rief ich Mel triumphierend zu. »Halleluja!« schrie er und schwenkte freudig den rechten Arm.

»O ja! Danke Jesus«, sagte ich lachend.

Das Flugzeug wurde jetzt noch heftiger hin- und hergeworfen, als wir dem Sturm über Wasser auf unserer Südstrecke nach Jamaika näherkamen. Ich begann die Schnüre, die Pappe und das Band vom Boden wegzuräumen. Ich saß im hinteren Teil des Flugzeuges, und infolge des Schwankens wurde mir übel. *Nun gut Herr,* dachte ich, *wenn das bißchen In-die-Höhe-Werfen alles ist, dann kannst Du das jederzeit einschieben.* Mel zog seinen bockenden Bronco (kalifornisches, halbwildes Pferd) durch die Blitze, Stürme und Gewitterwolken. Als ich schließlich auf den Sitz des Kopiloten kletterte, erkannte ich, wie ernst unsere Lage war. Wir standen jetzt in Funkkontakt mit dem Kingston Center.

»Eight Zero Juliet, habt Ihr DME,«

»Negative, Kingstone«, gab Mel zurück. »Habt Ihr Radar?«

»Negative, Eight Zero Juliet.«

»Wie ist das Wetter auf Montego Bay, Kingston?« rief Mel. Vor uns konnte ich die Sturmlinie zwischen uns und Jamaika sehen. Die Zentrale verwies uns an die Anflugkontrolle Montego Bay, doch auch sie konnte uns nicht helfen. Mel ließ sein Flugzeug eine Linkskurve beschreiben, um den Sturm zu umfliegen. Nummer zwei VOR (eine Navigationshilfe) wurde unbrauchbar und Nummer eins war unzuverlässig. Unsere ADF-Nadel (automatischer Richtungssucher) drehte sich wie wild. Vor uns wurde eine Art Insel sichtbar, und Mel drückte seine Mikrophontaste. »Montego kommen, Eight Zero Juliet. Möglicherweise Jamaika in Sicht. VORs funktionieren schlecht.«

»Roger, Eight Zero Juliet, wir geben Landebahnfeuer. Haben Sie uns in Sicht, Sir?«

»Negative.« Mel und ich streckten uns dicht an das Plexiglas vor, und überprüften sorgfältig die schwarze, regnerische Nacht. – Keine Landebahn.

»Schalten Sie Ihre Bodenscheinwerfer ein, Eight Zero Juliet«, belehrte uns die unbewegte Stimme.

Mel drückte eine Taste. Ein und aus. Ein und aus. »Seht Ihr uns, Montego?« Seine Stimme verriet wachsende Anspannung. »Negative, Eight Zero Juliet.«

Der heulende Motor schluckte weiterhin kostbare Tropfen Benzin. Die vier Benzinanzeiger waren direkt vor mir. Zwei der roten Nadeln standen auf leer. Die anderen zwei waren gefährlich kurz davor. Plötzlich sahen wir einen Lichtfleck unter unserer linken Flügelspitze. War *das* Jamaika? Wenn ja, flogen wir darüber hinweg und aufs offene Meer hinaus. Wir hatten Rettungsboote und Ausrüstung für den Überlebensfall bei uns, aber in so stürmischem Gewässer, nachts notzulanden, würde uns sicher den Tod bringen! In solcher Bedrängnis und Ungewissheit drehten wir links bei und flogen wie eine Motte, die vom Licht angezogen wird. Plötzlich zischte das Triebwerk und verstummte. Eine weitere Nadel ging in den Leerbereich. Instinktiv schaltete Mel auf den vierten Tank um, und der Motor erwachte wieder zu Leben. Ich blickte besorgt auf Mel, als er erneut sein Mikrophon in die Hand nahm.

»Montego, wir nähern uns einem Licht. Treibstoff fast alle.« »Roger, Eight Zero Juliet. Wir geben immer noch Landebahnfeuer. Wir schicken ein Feuerwehrauto ans Ende der Landebahn. Schaut auf sein Notsignal. Zeichnet Ihr auf?«

»Affirmative (Ja), Montego.«

»Eight Zero Juliet, wenn Ihr die Insel erreicht, folgt Ihr der Küstenlinie. Ihr solltet den Flughafen finden können. Ihr könnt auf 1 000 Meter herabgehen.

Als wir die Küstenlinie unter uns entlangflogen, hielten wir angespannt Ausschau, um das Signal ausfindig zu machen. Alles, was wir sehen konnten, waren kleine Dörfer. Ihre winzigen Lichter entlang der Küste sahen wie eine Halskette aus.

»Eight Zero Juliet«, die Stimme des Flugsicherungslotsen wurde ein wenig schwächer, »seht Ihr das Feuerwehrauto?« »Negative, Montego«, antwortete Mel verbissen, der gegen die treffenden Kontrollen kämpfte. »Und wir haben nur noch für etwa fünf Minuten Treibstoff, schaltet bitte Eure Bordscheinwerfer wieder ein.«

Unser Scheinwerfer, ein winziger Funke am dunklen Himmel, blinkte ein und aus, ein und aus, für nichtsehende Augen, als wir die Küste auf- und abflogen. Plötzlich knatterte das atmosphärisch gestörte Funkgerät laut und verstummte, als ein Blitz zickzackartig unseren Weg kreuzte.

»Laß uns auf dieser Straße landen…schnell!« Ich deutete mit dem Finger auf die Treibstoffanzeiger. Der Motor hatte bei drei leeren Tanks dreimal ausgesetzt.

Wir flogen niedrig genug, um zu sehen, wie Menschen entlang der Küstenstraße zu unserem offensichtlich in Not geratenen Flugzeug hinaufblickten.

»Auf der Straße soll ich landen? Schau dir doch die Menschen an!« keuchte Mel skeptisch.

»Die werden schon weggehen«, erklärte ich wütend.

Diese Cheroky Six wurde benutzt auf einem der Evangeliums-Flüge. Sie gleicht dem Flugzeug, das auf Kuba abstürzte.

»Entweder landen wir, oder wir stürzen ab.«

Ich betete inbrünstig, als er einen letzten Versuch unternahm, die Straße freizumachen. In der Hoffnung, er könne immer noch über Funk Mitteilung machen, schaltete er auf die Notfrequenz. »Mayday. Mayday. Mayday! Cherokee Five Five Eight Zero Juliet. Mayday!«

Die Hand erneut am Drosselventil, nahm Mel Gas weg und richtete sich nach der Straße aus zu einem fehlerlosen Landeanflug. Er tauchte unter die Lichter und plante, vor einem Müllauto, das an der Seite abgestellt worden war, zu landen. Als Mel den Bug der Cherokee in Landeposition brachte, verlor er die Sicht auf das Fahrzeug. Ich hob noch die Hand, um ihn zu warnen, aber es war zu spät. Mit den Händen vor meinem Gesicht, flüsterte ich den mächtigsten Namen auf Erden – Jesus – gerade in dem Augenblick, als wir den Lkw mit etwa 120 km Stundengeschwindigkeit rammten. Die Räder waren beim Aufprall noch etwa 30 cm über der Straße. Der rechte Flügel wurde einen guten Meter von meiner Schulter entfernt abgerissen. Das Flugzeug drehte sich im Kreis, und rollte und taumelte noch etwa einen halben Kilometer die Straße hinunter, ehe der andere Flügel zerbarst. Das meiste Plexiglas war herausgebrochen, als wir kopfüber aufschlugen und bis zum endgültigen Stillstand taumelten und rutschten.

»Raus hier! Raus!« schrie Mel, der Feuer befürchtete. Ich löste meinen Sitzgurt, warf die Eingangsluke auf und wir tauchten in die warme tropische Nacht. Stimmen, die aufgeregt Spanisch sprachen, umgaben uns rasch. Entsetzt wandte ich mich um zu Mel. »Das ist nicht Jamaika. Das ist Kuba!«

Es war 1.20 Uhr am Morgen des 27. Mai 1979. Meine Frau hatte Geburtstag. Einen flüchtigen Augenblick lang sehnte ich mich nach Hause, nach Glendale/ Kalifornien, um ihr nahe zu sein, sie zu berühren ...

Unser aeronautisches Spektakel hatte vor dem Polizeihauptquartier der G-2 stattgefunden. Ein Motorrad russischer Herkunft mit Beiwagenmaschine ratterte durch die Menschenmenge. Mel und ich wurden unverzüglich hineinbugsiert, und man brauste mit uns durch die Straßen von Manzanillo, einer Küstenstadt in der Provinz, die früher Oriente hieß. Mel und mir blieb wenig Zeit, miteinander zu sprechen. Als wir die Straße hinunterdonnerten und den Fahrtwind im Gesicht hatten, war ich schlicht und einfach dankbar, daß ich auf festem Boden ohne Luftkrankheit am Leben war. *Halte dich zu Jesus und rechne jeden Augenblick mit Ihm,* wie es auch kommt, dachte ich.

Wir hielten vor einem baufälligen Gebäude, in das man uns brachte. Es war ein Krankenhaus. Wir wurden noch immer als Touristen behandelt, da die Kubaner unsere Nationalität noch nicht erfahren hatten. Wir saßen in einem winzigen Untersuchungszimmer; Mel saß mir gegenüber. Als wir unsere Rettungswesten auszogen und unsere Körper abtasteten, wurden wir uns des mächtigen Schutzes und der Gnade Gottes bewußt. Wir hatten keinen einzigen Kratzer oder Schramme abbekommen. »Der König des Universums ist mit uns geflogen, Mel«, lächelte ich glücklich. »Er wird auch weiterhin mit uns sein, sogar auf Kuba.« In den Gängen standen reihenweise Menschen, als wir das Gebäude verließen. *Das ist aber merkwürdig,* dachte ich. *Warum warten so viele Leute um zwei Uhr früh auf den Arzt?* Erst später erkannten wir, daß sie darauf warteten, einen flüchtigen Blick auf uns zu werfen.

Draußen wurden wir in ein russisches Auto verfrachtet und durch die Stadt gefahren. Einer der Autoinsassen auf dem Vordersitz las ein Schriftstück. Etliche hundert Evangeliumstraktate, die am Rumpf des Flugzeugs klebten, waren bei dem Aufprall auf die ganze Straße verstreut worden. *Konnte er eines davon lesen?,* schauderte mir. Wir hielten vor einem kleinen Haus, um auf Einwanderungsbeamte und auf die G-2 zu warten. Im Wohnzimmer kritzelte ich den Namen und die Anschrift meiner Frau auf ein Stückchen Papier, da ich wußte, daß dies die einzige Möglichkeit für mich sein könnte, mit meiner Familie Kontakt aufzunehmen. Ich bat eine neben mir stehende Frau: »Bitte, liebe Frau, schicken Sie das meiner Frau«, brachte ich vor. Sie hob ihre Hände, als ob sie angegriffen würde, ihre Augen weit aufgerissen vor Angst.

»Es wird nichts Schlimmes mit Ihnen geschehen«, kreischte sie. »Bitte«, drängte ich, da es die einzige Möglichkeit sein würde, mit ihr in Verbindung zu treten.

»Nein, nein! Es wird Ihnen nichts Schlimmes zustoßen.« »Im Namen Gottes, bitte, nehmen Sie es doch!« bat ich. Sie senkte den Blick und schüttelte den Kopf. Ich ging in das Wohnzimmer zurück.

Wir wurden zur Einwanderungsbehörde geschickt und von acht oder neun Beamten ausführlich vernommen.

»Wohin flogen Sie?« fragte man uns. Mel und ich saßen auf einem Sofa gegenüber den Beamten.

»Wir waren auf dem Flug nach Montego Bay, haben

uns aber in dem Sturm verirrt«, antwortete Mel ruhig.

»So, Sie flogen *gerade* nach Jamaika, um das Wochenende dort zu verbringen wie Touristen, haha?« spottete ein Mann mit Schnurrbart hinter dem Schreibtisch. Er nahm eines der plastiküberzogenen Neuen Testamente in die Hand und lächelte, während er einen langen Zigarettenzug vor sich herblies. »So fiel also beim Überflug so etwas Ähnliches *zufällig* aus Ihrem Flugzeug, nicht wahr?«

»Ich blickte zu einem Mann in grüner Militäruniform, der auf der anderen Seite des Raumes an der Wand stand. Er unterhielt sich eifrig per Telefon mit Havanna und beschrieb die Literatur in seiner Hand. Als ich erkannte, daß wir ziemlich lange auf Kuba sein würden, sank mein Mut. Wachtposten führten mich in die Vorhalle hinunter, während Mel weiter verhört wurde. Ich fühlte mich erschöpft, legte meinen Kopf auf einen Tisch und versuchte zu schlafen.

Kaum hatte ich die Augen geschlossen, als ein Löwe brüllte. Auf Kuba ... ein Löwe? Wieder das Gebrüll. Ich hob den Kopf und fragte den Wachtposten: »Ist in der Nähe ein Zoo?« Er nickte. Ich ließ den Kopf wieder sinken und lächelte. Daniel. Er hatte ein paar Konflikte mit der Obrigkeit gehabt, aber Gott war mit ihm gewesen. Ich dachte auch an meinen Sohn Daniel. Jener Daniel in der Bibel hatte ein untadeliges Benehmen und Respekt gegenüber der bürgerlichen Autorität bewiesen; als diese Autorität jedoch auch auf Gottes Gebiet hinüberwechselte, gehorchte Daniel Gott vor den Menschen. In diesem Augenblick verlieh mir das Zeugnis Stärke. Als die Kubaner erkannten, daß wir mehr als nur Touristen waren, wurden Mel und ich getrennt voneinander gehalten. Polizisten fuhren uns in verschiedenen Autos zu einem kleinen Flugplatz, wo unser zerschelltes Flugzeug auf einen Lastwagen geladen worden war. Als ein Ausleger eines Krans auf dem Lkw die »Überreste« des Flugzeugs auf eine Betonplatte legte, waren wir erneut über Gottes Gnade verwundert. Während die Behörden das Flugzeug und seinen Inhalt untersuchten, saß ich auf dem Beton, gegen einen Stahlträger gelehnt und versuchte, etwas Schlaf zu bekommen. Aber die Stechmücken ließen das nicht zu. Ich schlug nach ihnen in der feuchten, kühlen Luft, aber es waren zu viele, und ihre Angriffe waren unerbittlich. Ein älterer Wachtposten, der Mitleid mit mir hatte, ließ mich im Beiwagen seines Polizeimotorrads sitzen. Er war kaum sonnengebräunt, hatte ein ledernes Gesicht und abstehende Ohren, die sich unter seiner Militärmütze umbogen. Er war ein einfacher Mensch mit einem breiten, törichten Lächeln und fuhr häufig mit seinen rauhen, borstigen Fingern übers Gesicht, um sich den Schlaf aus seinen blutunterlaufenen Augen zu wischen.

»Wußten Sie, daß es einen Gott gibt, und daß Er Sie liebt?« fragte ich ruhig.

Er bewegte die Hand auf und ab, als wolle er diese Worte in den Wind schlagen und murmelte: »Die Wissenschaft hat bewiesen, daß wir vom Schleim der Amöbe kommen.«

»Aber haben Sie nicht einmal die Gesichter Ihrer Kinder betrachtet und über das Wunder ihrer Ähnlichkeit mit Ihnen gestaunt, der Millionen von Zellen, die Nasen und Augen formten, die wie die Ihren aussehen?«

»Haha! Kinder sind nur ein sexuelles Produkt«,

brummte er und legte seinen Finger an die Lippen zum Zeichen des Schweigens. Er wollte vor den anderen mir gegenüber nicht freundlich erscheinen. Ich bete noch immer für ihn.

Mel erklärte in der Zwischenzeit die verschiedenen Verwendungszwecke der Notausrüstung, die jetzt auf der Betonplatte bei dem zerschmetterten Rumpf der flügellosen Cherokee verstreut lag. Viele neugierige Polizisten, G-2 und ländliche Wachtposten scharten sich um ihn, als ein paar Beamte die Papiere besahen, die wir an Bord hatten.

»Das hier ist ein Notpeilsender«, sagte Mel. Sie drängten sich mit unterschiedlichen Mienen der Achtung, der Furcht und des Entzückens um die verdächtig aussehenden Schachteln und Päckchen. Ein Wachtposten trug sein russischens Sturmgeschütz wie ein Spielzeug. Einige erinnerten mich an die frühen Begegnungen der Auka-Indianer mit Nate Saint auf der Sandbank in Ecuador.

Manchmal stimmte ich in Mels Lachen ein, als er seinen Zuschauern Witze erzählte. »Wie Ihr seht«, grinste Mel, »haben wir nur ein Rettungsboot, das an meiner Rettungsausrüstung befestigt ist. Wenn wir auf dem Meer notwassern würden, würde Tom lieber bei mir schwimmen.« Glücklich dolmetschte ich für ihn und entspannte mich ein wenig. *Wie konnten diese Menschen gefährlich sein, fragte ich mich hoffnungsvoll? Wir könnten immer noch als Touristen von hier fortkommen!*

Als die Sonne langsam aufging, beobachtete ich, wie Lastwagen, vollbeladen mit alten Männern und jungen Frauen, in Richtung Zuckerrohrfelder ratterten. Es war

Sonntagmorgen. Waren das jene »Freiwilligen«, von denen ich schon gehört hatte, die aus den Kirchen zusammengetrieben und zum Arbeiten gezwungen worden waren?

Mel und ich durften uns ein paar Stunden ausruhen, ehe wir zur Absturzstelle zurückgebracht wurden. Unsere Eskorte zeigte uns, wo wir aufgeprallt und wie weit wir gerutscht und gerollt waren. Etwa ein Dutzend Grundschulkinder ging neugierig an uns vorbei. Ich fuhr mit der Hand in das lockige Haar eines kleinen Jungen und fragte mich, ob er wohl jemals von Jesus als dem Erlöser hören würde.

Als wir zum Essen in das Hotel zurückkehrten, erlebte ich den ersten Fall von Falschheit und Lüge des Kommunismus, der die Politiker und Geistlichen in der westlichen Welt zum Narren hält. Als wir bei Tisch saßen, brachte man uns die Speisekarte auf altem, vergilbtem Papier. Es wurden ein paar armselige Reisgerichte angeboten. Auf der rechten Seite befand sich ein makelloses neues Schreibmaschinenblatt, auf dem Huhn, Schweinekoteletts und Fisch aufgeführt waren. Es war offensichtlich unseretwegen dorthin plaziert worden. Ein Wachtposten, der offenbar erfreut war, das Schweinekotelett bestellen zu können, verspeiste es, als ob Weihnachten und Erntedankfest auf einen Tag gefallen sei. Später erfuhren wir, daß für den Mann auf der Straße nur wenig Fleisch erhältlich war. Deswegen traten in der Zeit, in der wir auf Kuba waren, Proteste und Demonstrationen auf.

Nach dem Mittagessen wurden wir zusammen mit mehreren Polizisten in einen kleinen Alfa Romeo gezwängt. Zwischen Mel und mir saß ein Wachtposten; es war uns noch immer verboten, miteinander zu reden. Das Auto fuhr quietschend in die Kurven, als es die ärmliche Stadt Manzanillo hinter sich zurückließ. Die letzte Erinnerung, die ich an diese Stadt habe, war die an ein Schaufenster, in dem ein einziges Kleid und ein paar Plastikäpfel ausgestellt waren. Obwohl ich bei dem Flugzeugaufprall meine Brille verloren hatte, konnte ich doch noch die Armut erkennen.

Der Fahrer holte das Bestmögliche aus dem kleinen Auto heraus, als wir die rund 120 Kilometer nach Holguin zurücklegten. Ich hatte gehört, daß das Wort Flugzeug gefallen war und sicherlich ratterten wir auf einen Flugplatz zu; wir brausten durch die offenen Tore zu der Gangway eines Yak-40-Düsenverkehrsflugzeugs russischer Herstellung der Kubana Fluggesellschaft. Mel und ich bestiegen das Flugzeug — jeder mit einem Wachtposten der G-2. Nachdem ich meinen Sitzgurt angelegt hatte, schaute ich zurück zu Mel, der hinten saß, und sagte halb im Ernst und halb im Spaß: »Sieht aus, als ob wir ein eigenes Verkehrsflugzeug hätten.« Bald stiegen jedoch andere Fluggäste ein, die uns neugierig musterten. Wir hatten ihren Flug mehr als zwei Stunden verzögert. Merkwürdigerweise beklagte sich keine einzige Person darüber. In diesem totalitären System wagt niemand zu meckern, wenn Polizei anwesend ist. Ich konnte mir vorstellen, was die Passagiere einer U.S. Fluglinie zu demjenigen sagen würden, der ihren Flug so lange verzögert hatte. Redefreiheit sichert das Recht zum Meckern.

Auf dem Flug nach Havanna waren der Mann und seine Frau, bzw. Freundin, die vor mir saßen, offen zärtlich zueinander. Einmal flüsterte er ihr etwas ins Ohr, berührte sie hinten am Nacken und lachte über einen privaten Scherz. Da fühlte ich den Schmerz, einen fast physischen Schmerz, bei dem Gedanken, daß meine geliebte Frau allein zu Hause war und nicht wußte, was mit mir geschah. Ich ließ den Kopf gegen das Fenster sinken; ich betete für sie und die Kinder. Das Buchtgebiet von Havanna kam in Sicht. Ohne meine Brille konnte ich die genaueren Einzelheiten der Stadt nicht ausmachen. Dennoch schweiften meine Gedanken zu unseren Evangeliumstraktaten. *Was für ein schöner Ort, um Literatur abzuwerfen.*

Wir stiegen als letzte aus dem Flugzeug. Die nüchterne Wirklichkeit unserer Lage versetzte uns einen Schlag, als man uns Handschellen anlegte und zum Hauptquartier der G-2 brachte. Als wir durch das große Tor mit den hohen Mauern, Maschendrahtzäunen und Stacheldraht fuhren, betraten wir das, was früher einmal die Villa Marista, ein katholisches Kloster, gewesen war. Es ist jetzt in das Vernehmungshauptquartier der Inneren Sicherheit, der G-2-Polizei, umfunktioniert worden, von der viele Geheimagenten oder Geheimpolizisten sind.

Um das Maß an Ironie voll zu machen, sah ich in der Umwandlung dieses Gebäudes eine physische Offenbarung der geistlichen Kriegsführung Satans gegen die Kirche. Ich dachte an die Lektüre von Karl Marxs dämonischen Gedichten Schwarzer Magie, die er als Student an der Universität verfaßt hatte. Die Zellen in diesem Gebäude wurden einst zum Gebet verwendet. Jetzt benutzte man sie, um menschlichen Verstand und menschliche Seelen auszuquetschen und zu foltern.

Wir wurden ausgezogen, einer genauen Leibesvisitation unterzogen und in den zweiten Stock geschickt, um unsere ärmellosen gelben Arbeitsanzüge in Empfang zu nehmen, die ehemalige Uniform der Streitkräfte Batistas. Mich sperrte man in Zelle 44, Mel in Zelle 60.

Meine Hauptsorge galt dem Schlaf. Ich legte mich auf die dünne, ausgebeulte Matratze, die ein Brett bedeckte, das mit Ketten an der Wand befestigt war. Ich drehte mich von einer Seite auf die andere, aber ich konnte keinen Schlaf finden, da mein Körper noch nicht an die Härte gewohnt war. Jetzt begriff ich schnell, daß Gott mich auf Kuba haben wollte. Unsere ungewöhnliche Bruchlandung war aus Seiner Sicht kein Zufall gewesen. Aber warum? Was sollte Gutes dabei herauskommen, wenn man in einem kommunistischen Gefängnis dahinsiechte? Was war mit den Traktaten geschehen, die wir abgeworfen hatten?

In Gedanken schweifte ich zu glücklicheren Zeiten, zu einer kleinen Insel in der Karibik, weit weg von meiner dunklen, einsamen Zelle ...

II

Brot auf stürmischer See

Grand Cayman ist eine malerische kleine Insel mit wogenden Palmen und weißen Stränden, die von kristallklarem Wasser umspült werden. Die Erinnerung an seine wenigen Bewohner mit ihren einfachen, lachenden Gesichtern erheiterte mich, als ich auf dieser harten Pritsche in Zelle 44 lag.

Ich dachte an meine kleine Wohnung dort, die zu einem Kaufladen für Plastiktaschen, Strohhalme und Kaugummi sowie zum Beginn meiner Schmugglerabenteuer geworden war.

Mehrere Christen, unter ihnen auch ein Lehrerkollege namens Art Manchester, und ein paar eingeweihte Schüler trafen sich in der Regel samstags, um Evangeliumstraktate fließbandartig zu verpacken. Die Literatur wurde zusammen mit einem Strohhalm und einem Kaugummi in Folie gepackt und hitzeversiegelt. Der Kaugummi würde Kinder oder andere Personen zum Strand locken und sie veranlassen, das Päckchen zu öffnen und die Literatur herauszunehmen. Das Stroh würde es über Wasser halten.

In einigen Ländern gehen Christen auf der Suche nach solcher Literatur den Strand entlang. War es auf Kuba anders? Würde unser geplanter Abwurf von Testamenten über dem Meer erfolglos verlaufen? Würden wir es jemals erfahren? Im Winter 1972 sollten wir die Antwort wissen.

Wir füllten die 50000 Päckchen in große Plastikmüllbeutel und schleppten sie an Bord eines Bootes im Hafen von Georgetown. Die Nacht war klar und das Mondlicht tanzte fröhlich auf dem Wasser, als wir die Anker lichteten. Das niedrige, weiße Bürogebäude schien sich immer weiter zu entfernen, als wir über eine ruhige See glitten, bis die Insel einem dollargroßen Pfannkuchen am Horizont glich. Bald waren wir allein.

Als ich diese Szene vom Deck des Schiffes aus beobachtete, verzehrte ich mein großes Salami- und Käsebrot und lehnte mich zurück, um die Sterne zu beobachten. Es war meine erste Seereise. ›Nicht schlecht, gar nicht übel‹, dachte ich und lauschte auf das ständige Dröhnen der Maschinen. Das ist schön. Unten waren drei christliche Brüder noch beim Essen und scherzten mit der Besatzung.

Kapitän Alfred Eaton hatte Kurs parallel auf Kuba genommen und blieb peinlich zwölf Meilen von der Küste entfernt auf internationalem Gewässer. Unsere Abwurfzone würden wir erst am nächsten Tag erreichen. Alles schien perfekt zu sein. Ich war in der warmen karibischen Nacht beinahe eingeschlafen, als das kleine Schiff auf stürmisch bewegter See zu hüpfen begann. Gischt flog über mich hinweg, ca. 8 Meter über dem Meer. Ich hastete nach unten und erfuhr, daß wir in einen Nordwester, einen jahreszeitlich bedingten Sturm, fuhren. Innerhalb von dreißig Minuten waren wir Landratten seekrank. Ein paar Stunden später schloß sich die Mannschaft mir an. Der Kapitän und Art waren die einzigen, die dieses wilde Pferd ohne schlimme Folgen lenkten.

Die ganze Nacht hindurch nahm das Schiff Kurs auf den Sturm. Sich aufbäumend auf stürmischen Wellenkämmen und ins Wellental absinkend, kippten wir in sprunghaftem, aber beständigem Rhythmus hin und her. Sämtliche Betten waren von kranken Männern belegt. Ich lag auf einer Holzbank, die in der Nähe des Kombüsentisches an die Wand genagelt war. Etwa alle zehn Minuten mußte ich mich übergeben.

Nach vier oder fünf Stunden schwankte Art in die Kombüse. »Der Kapitän möchte wissen, ob du umkehren willst«, erkundigte er sich, indem er sich am Tisch festhielt. »Er sagt, daß wir wahrscheinlich für den Rest der Reise dieses Wetter haben werden. Er möchte wissen, was du zu tun gedenkst.«

Langsam zog ich mich in Sitzlage hoch, baumelte und schwankte hin und her, um ihn anzusehen. Große Zweifel überkamen mich. *Das ist verrückt! Bin ich ein Jonas in unbeugsamer, ergebnisloser Mission? Wahrscheinlich würde es auch sonst nicht funktionieren. Aber wir waren auf halbem Weg zu unserem Bestimmungsort, und ich bin auf halbem Weg in meinem Glauben.* Da ich mich eindeutig nicht als Held fühlte, schüttelte ich den Kopf und konnte zwischen den Wogen hervorbringen: »Nein!« Und so stürzten wir weiter.

Im Morgenlicht näherten wir uns dem Abwurfgebiet und beschlossen, eine rund 80 Kilometer lange Evangeliumsschlange hinter uns zurückzulassen, als wir noch heftiger hin- und hergeworfen wurden. Ich stand auf und begann die Päckchen ins Meer zu werfen — und betete, daß der Herr diese kleine Gabe segnen und gebrauchen möge, weil ich mir sicher war, daß ER mir den Auftrag zu diesem Vorhaben gegeben hatte.

Dieses Fischer-Boot brachte die christliche Botschaft auf den Wellen des Meeres.

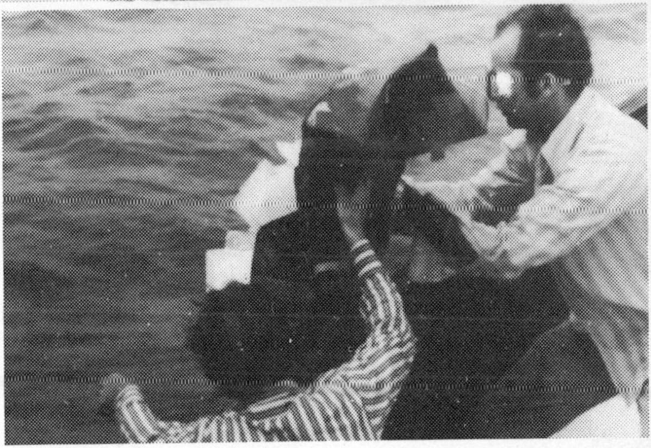

Art und Bob Johnson kamen nach vorn und begannen, größere Mengen abzuwerfen. Es war einfach, die Schachteln und großen Plastikbeutel aufzureißen, als wir sie auf die Reling hoben. Tausende von Päckchen fielen heraus, bewegten sich über den Dünungen hin und her und ließen eine weiße Schleppe hinter uns zurück. Der Wind, der uns eine schlechte Nacht verschafft hatte, trieb die Schriftstücke jetzt zu einem breiten Muster. Das Deck war schlüpfrig. Infolge der Dünungen schwankten und stürzten wir oft zu Boden, aber es gelang uns, den Abwurf zu meistern.

Da es ein trüber Tag war, konnten wir Kuba nicht sehen. Wir befanden uns zwölf Meilen (ca. 22 km) von der Küste entfernt, doch mit Radar und der LORAN-Navigation kannten wir unseren Standort. Der arme Frederick Pritchard, der dritte Bruder, der uns half, konnte während der ganzen Fahrt sein Bett nicht verlassen. Ich konnte nur mit ihm mitfühlen! Nachdem wir das Abwerfen eingestellt hatten, kehrten wir um; wir lagen weitere 36 Stunden auf dem Bett des Kapitäns und standen lediglich alle paar Stunden auf, um auf die Toilette zu gehen.

Auf der Rückfahrt entdeckte uns ein Öltanker auf kubanischem Gewässer und nahm Kurs auf uns, als wolle er unser Schiff rammen. Da wir der Bequemlichkeit halber zu nahe an kubanischem Gewässer vorbeifuhren, befürchtete er offenbar, daß wir Kubaner seien. Wir befürchteten, er habe feindliche Absichten, da er keine Flagge trug und sich weigerte, über Funk mit uns Kontakt aufzunehmen. Sein schwerer Bug, der durch die See schnitt, kam näher — bis auf etwa 100 Meter Entfernung. Als letzte Maßnahme lud unser Kapitän sein

30-30-Gewehr, obwohl es gegen diesen Berg aus Stahl nutzlos sein würde. Aber es stellte sich als eine Frage der Neugierde für beide Seiten heraus. Der Tanker fuhr direkt hinter uns vorbei. Wir waren erregt, als wir Georgetown wiedersahen.

Ein paar Monate später suchten 36 kubanische Flüchtlinge in einem kleinen Fischerboot Zuflucht auf Grand Cayman. Obwohl kubanische Militärflugzeuge nach ihnen gesucht und bei Nacht Leuchtraketen abgeworfen hatten, kamen sie wohlbehalten an. Ich fuhr zu dem Strandhaus, das ihnen die Regierung auf Cayman zur Verfügung gestellt hatte. Tubal Cain, ein Spanischlehrer an einer High School und mein Dolmetscher, stapften mit mir durch den weißen Sand in das kleine Holzhaus. Die Flüchtlinge saßen in erschöpften, nervösen Gruppen auf Schlafstätten und an einem Bridgetisch.

»Gott segne euch«, grüßte ich durch Tubal. »Macht es euch etwas aus, wenn ich einige Fragen stelle?«

Sie schüttelten den Kopf und boten uns Platz an.

»Ich interessiere mich für das Leben der Christen auf Kuba. Könnt Ihr mir etwas darüber sagen?«

Ein großes, mageres, dunkelhaariges Mädchen namens Lucia Reyes trat zu dem Tisch, an dem wir saßen. »In meiner Kirche versuchten wir, einen Jugendgottesdienst zu halten, aber die Behörden belästigten uns ständig«, brachte sie vor.

»Was meinst du? Warfen sie Steine gegen das Gebäude?« sondierte ich.

»Nein, aber jedes Mal, wenn wir mit dem Gottesdienst begannen, rollte ein großer Lastwagen vor die Tür und Soldaten standen auf den Stufen und fragten nach Freiwilligen zum Schneiden von Zuckerrohr. Wir begriffen bald, daß sie uns nur dann als Freiwillige wollten, wenn wir uns zum Gottesdienst trafen. Jeder muß gehen oder man ist unpatriotisch.« Langsam sank sie auf eine Schlafstelle, die Hände fest zusammengepresst.

Ein kleiner untersetzter Mann mit Schnurrbart und Brille kam aus eigenem Antrieb nach vorn. Zornige Worte begannen über seine Lippen zu kommen, als ob sie viele Jahre lang verdammt gewesen seien. »Ich habe die Religionsfreiheit auf Kuba erlebt! Die Freiheit der kommunistischen Castro-Regierung besteht darin, jede Kirche in meiner Stadt zu schließen!« Dr. Enrique Alvarez atmete schwer, als er endlich alles von sich geben konnte. »Die einzige Religion ist Fidel Castro. Fidel ... Fidel ... sonst hört man nichts mehr!«

»Es ist jetzt unmöglich, eine Bibel zu bekommen«, platzte ein anderer Flüchtling, der ruhig gegen die Wand gelehnt stand, heraus. Er fuhr mit der Hand über seine Augen, ließ sich gegen die Wand sinken und fuhr fort: »Alles zerfällt, die Bücher, die Kirchen ... alles fällt auseinander.« »Schaut«, antwortete ich hoffnungsvoll, »wir haben vor ein paar Monaten eine Schiffsreise gemacht. Wir fuhren hierhin ...« Ich zeichnete in groben Zügen eine Landkarte auf ein Stück Papier. »Habt Ihr schon einmal Schriftstücke in Plastikhüllen gesehen?« Ich blickte in dem schmutzigbraunen, dunklen Raum auf die verlorenen Gestalten in der Hoffnung, wenigstens ein Lächeln oder ein Nicken zum Zeichen des Erkennens zu entdecken, aber nein. Sie hatten nichts gesehen. Es sollte sieben Jahre dauern, ehe ich etwas davon hören würde.

Im Frühjahr 1973 flog ich in den Osterferien mit einigen Schülern aus unserem Spanischkurs in der Triple C Schule, an der ich unterrichtete, nach San José, Costa Rica. Ich konnte damals noch kein einziges Wort Spanisch, sondern ging mit, um die Gruppe betreuen zu helfen. Eines Abends begegnete ich während eines christlichen Gottesdienstes in einem großen Haus in den Bergen Ofelia. Nach dem Gottesdienst gab ich einigen von ihren Schwestern, die mir schreiben wollten, meine Adresse. Ofelia lehnte schweigend an der Küchenwand und lächelte. Etwas in mir hüpfte.

Am nächsten Morgen nahm ich im Vertrauen darauf, daß genügend Lehrer zur Betreuung der Schüler da wären, den ersten Bus von San José zurück in die Berge. Meine neue Freundin und ich konnten uns gegenseitig nicht verstehen, aber es gibt so viele Arten von Sprachen! Als wir in der warmen Sonne auf der großen Veranda saßen, nahmen wir unsere Bibeln zur Hand und begannen, miteinander zu »sprechen«. In den ersten paar Tagen verweilten wir bei den Psalmen und Sprüchen. Überall nahmen wir unsere Bibel mit in den Bus. Das Erbarmen, die Milde und Reinheit des Geistes Jesu in ihr bezeugte mir das Einssein in Jesus mit ihr.

Als diese herrliche Woche ihrem Ende zuging und Gottes Geist gewisse Dinge in unseren Herzen bestärkte, lasen wir Teile der schönen Liebesdichtung im Lied Salomos. Zeitweilig war es lustig! Ihr Vater, ein überzeugter Christ, kam zu uns auf die Veranda; ich wurde verlegen und hörte auf zu lesen. Sie pflegte herzlich zu lachen und zu necken: »Hör nicht auf, lies weiter!«

Ich ging in das Geschäft, in dem sie als Näherin arbeitete, saß bei ihr an der Nähmaschine und schenkte dem

Gekicher ihrer Freundinnen keine Beachtung. Nach nur einer Woche, in der wir uns gesehen hatten, kehrte ich widerstrebend nach Grand Cayman zurück. In sieben Monaten schrieben wir uns über hundert Briefe. Als ich erfuhr, daß ihre Freundin meine Liebesbriefe übersetzen mußte, begann ich sofort, sie auf Spanisch auszubrüten. Ich konnte mir vorstellen, wie das kleine Tal, in dem ihre Familie seit 300 Jahren lebte, entzückt war, die romantischen Ausdrucksweisen zu erfahren, die jeden Tag von dem verliebten Amerikaner geschickt wurden.

Dortige Missionare empfahlen Ofelia und mich gegenseitig. Auf diese Ermutigung hin und auf dem Fundament unseres Herrn planten wir, im Dezember 1973 zu heiraten. Sie hatte Grand Cayman einmal mit ihrer Schwester für ein paar Wochen besucht, und ich hatte sie zu Hause besucht. Ich erinnere mich an den Morgen, an dem ich den Fluß unter ihrem Haus überquerte, wo ihr Vater im »Hogar del Buen Samaritano«, einem christlichen Altenheim, arbeitete. Ihre Mutter war die Leiterin. Ich beabsichtigte, ihn um die Erlaubnis zu bitten, seine Tochter zu heiraten. Nervös übte ich meine Gespräche, als ich umherschlenderte. Mit einem praktisch nicht vorhandenen Spanisch würde ich ihm erklären, wie seine Tochter von Costa Rica auf eine kleine Insel, weit weg von ihrer Familie gezaubert werden sollte. Wenn ich jetzt zurückblicke, bin ich mir sicher, daß er wußte, warum ich die Brücke überquerte. Vielleicht wußte es das ganze Tal!

Wir unterhielten uns ein paar Minuten lang neben einem Baum über Belangloses. Mit unserem begrenzten Wortschatz war es zweifellos »belangloses« Geplauder.

Francisco oder Pancho, wie man ihn nennt, ist ein dem Herrn geweihter Diener. Daraus schöpfte ich Trost. Wenn er mich enttäuschte, würde es nicht mit einem Krach sein. Nachdem ich ihm ungeschickt meine Wünsche mitgeteilt hatte, lächelte er ruhig und sagte: »Wenn Ofelia auch fern von uns und fern von ihrer Mutter sein wird, so weiß ich doch, daß sie in der Hand des Herrn bleibt.«

Er sagte noch mehr, aber zum damaligen Zeitpunkt war das alles, was ich verstehen konnte. Ich drückte seine kräftige Hand und dankte Gott für sein weiches Herz.

Vor Jahren hatte er einigen Mennoniten beim Bau dieses Altenheimes geholfen. Früher war er einer der wohlhabendsten Männer im Tal gewesen; ehe er an einen persönlichen Erlöser glaubte, hatte er beschlossen, Buch für Buch der Bibel zu lesen, um es zuerst zu prüfen. Nachdem er zum Herrn gekommen war, brachte er viele seiner Familienangehörigen zu Jesu Füßen; er dient immer noch als Laienpastor. Heute veranschaulicht Pancho die Einstellung »Ein reicher Mensch ist selten zufrieden, aber ein zufriedener Mensch ist immer reich«.

Im Sommer 1973 entschloß ich mich zu einer weiteren Schiffsreise und begann, 100 000 Päckchen vorzubereiten. Gott sagte mir nicht, ich solle nach Früchten suchen. Er schien zu sagen: »Säe weiterhin Saat.« Während der ganzen langen, heißen Tage im Juni und Juli bereitete ich wieder mit einigen zuverlässigen Schülern — Roy, Stan, Kim, den Reynolds und anderen — Päckchen vor. Da ich wußte, daß die Ozeanströmungen jahreszeitlichen Veränderungen ausgesetzt sind, plante ich wegen eines anderen Musters an dieselbe Stelle zurückzukehren. Als der vereinbarte Termin näherrückte, erfuhr ich, daß das Schiff nicht verfügbar war. Was sollten wir tun? Während ich weiter Päckchen versiegelte, betete ich um eine Möglichkeit.

Irgendwie schickte mich der Herr zu einem christlichen Piloten, Carlton Bodden, der sich bereit erklärte, mich durch den festgelegten Luftkorridor über Kuba zu den Bahamas zu fliegen. Ich könnte einfach die Hälfte der Ladung vor Überquerung der Südostküste und die andere Hälfte nach Überquerung der Nordostküste abwerfen.

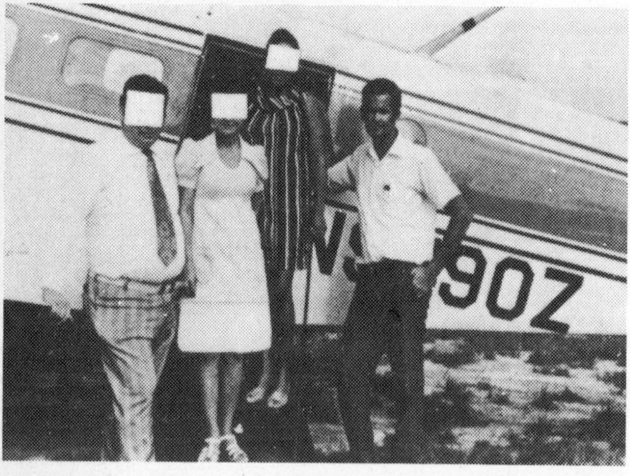

Carlton Bodden (rechts) flog den ersten Einsatz zum Abwurf von Evangeliumsschriften auf Kuba. Die Einstiegs-Tür ging während des Fluges entzwei, möglicherweise verursacht während einer Inspektion durch verdächtige kubanische Luftwaffen-Piloten.

Am frühen Sonntagmorgen des 12. August starteten Carlton und ich von Grand Cayman aus in einer zweimotorigen Beechcraft D-18. Die zehn Sitze waren entfernt worden, um die Ladung unterbringen zu können. Wir hatten 40 große Plastiksäcke geladen, die rund 70 000 plastikversiegelte Flugblätter enthielten. Sie füllten das Fluggastabteil im Rumpf. Die restlichen rund 30 000 wurden für einen späteren Verwendungszweck zurückgelassen.

Als Carlton das Flugzeug zum Startbahnende rollen ließ, reckte ich mich und kroch über die Säcke zur Notausstiegsluke. Die Stimme des Tower-Technikers von Cayman knatterte über Funk: »Start frei zum Congo-Stadtflughafen auf den Bahamas. Steigt auf und haltet 7 000 (ca. 2200 m).« Carlton zog die Ventile langsam nach vorn, und das Dröhnen der beiden großen zwei Pratt & Whitney-Motoren erfüllte die Kabine. Ich streckte mich aus und zog den Auslösehebel an der Luke, zog die Lukenfüllung ein und legte sie auf die Säcke. Der Wind zauste an meinem Hemd, als ich beobachtete, wie plötzlich Kühe und Palmen auftauchten. Wir stiegen auf und begannen, an Höhe zu gewinnen. Die kubanischen Luftraumgesetze verlangen bei Flügen eine vorherige Genehmigung, und so wußte man, daß wir kamen.

»Boyeros, hier ist Beech Niner Seven Niner Zero Zulu«, rief Carlton die Kontrolle in Havanna. Keine Antwort. Er blickte auf das Funkgerät und überprüfte die Frequenz. Ja, 126.9.

»Boyeros, hier ist Niner Seven Niner Zero Zulu, über ...« Noch immer keine Antwort. Er ließ das Flugzeug in einem Kreis in die Schräglage gehen, als wir auf Funkkontakt zwecks Überquerungsgenehmigung warteten. Zehn Minuten lang versuchte Carlton vergeblich, Havanna wieder zum Leben zu erwecken. Was war geschehen? Wußten sie, daß wir kreisten? Kamen sie jetzt zu uns? Ich betrachtete forschend den Horizont und das Meer. Alles, was ich sehen konnte, war ein hellblauer Himmel und eine grüne, türkisfarbene mit mehreren kleinen Sandbänken vor der Südküste versehene Karibik. Schließlich knatterte die schwache Stimme des Flugsicherungslotsen in Havanna über Funk. »... Niner Zero Zulu, fliegt weiter zum Funkfeuer Simones, wie gewünscht.« Wir gingen in horizontale Lage und nahmen Kurs auf die 25 Meilen (ca. 45 km) entfernte Insel.

Ich begann, unsere Evangeliumsliteratur durch die Öffnung der Notausstiegsluke zu werfen. Bei einem Wind von 140 Meilen (ca. 250 km) pro Stunde platzten die großen, dünnen Plastikmüllsäcke leicht, nachdem ich sie etwas aufgeritzt hatte. Die Hälfte der Ladung ging über diesem Gebiet nieder, bis wir uns der Küste näherten. Ich ging zu Carlton ins Cockpit, legte meinen Sitzgurt an und entspannte mich. Unten konnte man deutlich den Rauch von Zuckermühlen und das grüne Land der Provinz Camaguey sehen. Carlton sprach von Zeit zu Zeit mit kubanischen Flugsicherungslotsen, um sie über unsere Position auf dem laufenden zu halten.

Plötzlich vernahmen wir einen laut krachenden Lärm. Ich schaute angestrengt nach hinten in die Kabine und bemerkte, daß unsere große hintere Luke aufgegangen war und unter dem Rumpf hing. Eine ihrer beiden Befestigungsketten war gerissen. Da flogen wir nun an jenem herrlichen Sonntagmorgen mit einer offenen Luke, einem herausgenommenen Notausstiegsfenster und rund 1 000 Flugblättern, die über den Städten und Viehweiden wirbelten. Die großen Plastiksäcke hatten sich aufgebläht, als wir an Höhe gewannen, und die Bänder waren aufgegangen. Tausende von Flugblättern waren frei und wirbelten wie Schnee um die Kabine. Wäre ich nicht zu der Zeit gerade im Cockpit gewesen, hätte ich ohne Fallschirm einen Sturzflug gemacht.

Als Carlton meine verblüffte Mine sah, drehte er sich auf seinem Sitz halb um, um nach hinten zu sehen und schüttelte ungläubig und erstaunt seinen Kopf. »Ich gehe zurück, Carlton. Vielleicht kann ich etwas ausrichten«, bot ich an.

»Nein, warte! Laß uns zuerst die andere Küste versorgen.« Gelassen nahm Carlton sein Mikrophon und sprach mit Havanna weiter, als ob es ein Kinderspiel sei.

»Havanna, Niner Zero Zulu fliegen weiter nach Andros, wie gewünscht. Fliegen weiter zum Funkfeuer Alegre.«

Vielleicht hatten uns Suchgeräte russischer Fabrikation von unten im Visier. Da Plastik wohl nicht auf der Radaranlage erscheinen würde, zogen wir die Möglichkeit eingestellter Teleskopkameras in Erwägung — von der Art, mit denen man Raketenangriffen folgte. Wir hatten eigene »Raketen« abgeworfen. Würden sie entdeckt werden?

Als wir uns der Nordostküste unweit von Moron näherten und den Abwurf der restlichen zwanzig Säcke vorbereiteten, blitzte links von uns ein graues Objekt auf und beschrieb vor uns eine enge Schleife.

»Au! Sieh dir das an !« Ich deutete für Carlton darauf hin, der nur die MIG russischer Bauweise sehen konnte. Ein zweites Jagdflugzeug blieb 100 Yards (ca.

100 m) rechts hinter uns und beobachtete unsere Flugrichtung.

Obwohl wir wußten, daß die Situation gefährlich war, hatten wir Frieden in unseren Herzen. Ich war erstaunt über meine Ruhe. Es war keine Ruhe infolge Unkenntnis, sondern eine, die zu sagen schien: »Entspanne dich, mein Sohn, alles ist unter Kontrolle.«

Oberflächlich betrachtet, hätte es nicht schlimmer sein können! Ich schickte mich an, das Cockpit zu verlassen und in die Kabine zu gehen, um gewisse Papiere in meiner Aktentasche zu zerstören. »Nein, warte, Tom«, riet Carlton. »Möglicherweise können wir ungeschoren davonkommen. Wir wollen sehen, was sie machen.« »Da kommt er wieder!« schrie ich durch das Gedröhn unserer Motoren.

Der heulende Jet zu unserer Linken verweilte so dicht bei uns, daß ich den weißen Helm des Piloten sehen konnte. Er wiederholte sein Manöver mehrere Male, indem er so langsam wie möglich vorbeiflog.

»Carlton, er versucht, hereinzuschauen!« schrie ich. »Meinst du, er kann etwas erkennen?«

Carlton behielt seinen Kurs bei, als ob er mich nicht gehört hätte. Mit Sicherheit sahen wir mit der herunterhängenden Luke verdächtig aus, aber der MIG-Pilot konnte auch das defekte Kabel sehen.

Auf wunderbare Weise waren die Pakete auf den Boden gelangt, allem Anschein nach von selbst, als säße eine Schar von Engeln auf ihnen! Wären die Schriften weiterhin aus der Luke gefallen, als die MIG vorbeiflog, wäre alles verloren gewesen.

Das flatternde Kabel erklärte dem Piloten offensichtlich, daß wir einen Unfall hatten. Kein einziges Mal bekamen wir während dieser Feuerprobe Funkverbindung mit ihm oder mit der Bodenstelle. Er mußte ihnen auf einer militärischen Frequenz Bericht erstattet haben.

Er legte sich in eine Linkskurve und ließ uns plötzlich zurück. Wir flogen weitere fünf Minuten. Ich kletterte in die Kabine, nahm meine Brille ab und streckte den Kopf aus der Notausgangsluke. Die andere MIG war ebenfalls verschwunden. Sie waren weg! Gott sei Dank, wir waren frei. Rasch lud ich das restliche Material aus. Als Carlton unsere Fluggeschwindigkeit drosselte, beugte ich mich aus der Lukenöffnung, um die Luke einzuziehen. Als ich das Kabel packte, veranlaßten mich der Draht des mit Gummi beschichteten Kabels und die schwere hängende Tür fast zu einem Kopfsprung in die Karibik. Ich ließ los und sprang zurück. Da ich erkannte, daß es unmöglich sein würde, mit der Tür, die unterhalb des Rumpfes herunterhing, zu landen, stemmte ich mich mit einem Fuß gegen die Wand neben der Lukenöffnung und presste meine Stirn gegen die niedrige Decke, um es ein weiteres Mal zu versuchen. Ich konnte die Tür einziehen, mußte dafür aber etwas Haare lassen!

Als ich auf meiner harten Holzpritsche in Zelle 44 lag, versuchte ich, mir Carlton im Geiste vorzustellen. Er war ein ruhiger, starker Mann, der sich nie beklagte oder harte Worte gebrauchte. Er verschwand im darauffolgenden Jahr als Kopilot auf einem Privatflug nach Florida mit drei anderen Personen.

Ich dachte oft darüber nach, was geschah, und jetzt malte ich mir in Gedanken jene spannungsgeladenen

Sekunden vor ein paar Stunden aus, ehe Mel und ich auf der Straße abstürzten.

Mel? Was geschah mit ihm? Ich hatte ihn in Zelle 60 fast vergessen. Warum wurden wir getrennt voneinander gehalten? Würde ich ihn wiedersehen?

Mein Körper schmerzte infolge Steifheit, und ich versuchte, eine bequemere Lage zu finden. Der Schlaf schien so fern zu sein . . . wie jene winzige Insel, die einmal meine Heimat gewesen war. Langsam wanderten meine Gedanken zu einer fröhlicheren Zeit, als ich von einem süßen, ruhigen, stillen kleinen Engel aus Costa Rica gefangengenommen wurde ...

III

In der Schule des Heiligen Geistes

Es war Dezember und unsere Hochzeit rückte schnell näher. Ein paar Tage vor unserer Trauung flog ich von Gran Cayman nach San José und nahm ein Taxi zu Ofelias Haus. Die große Holztür öffnete sich spät in der Nacht; ich küsste Ofelias Mutter und dann Ofelia — einer jener seltenen Küsse! Fast ständig während unserer jungen Liebe wurden wir von einer ihrer Schwestern als Anstandsdame begleitet. Da wir aber damals Mitte zwanzig waren, hatte ich nichts dagegen. Es war natürlich und lustig.

Einmal stiegen Ofelia und ich mit einer Tante und zwei kleinen Kindern den Berghang einer saftiggrünen Kaffeeplantage hinauf, um Rosenäpfel zu pflücken und die Kaffeepflanzen anzusehen. Wir spazierten Hand in Hand durch die Reihen von großen reifen Pflanzen mit raschelnden Blättern. Morgentau lag noch auf dem Gras, und die Luft duftete nach Blüten. Auf einer kleinen Lichtung machten wir neben einem hohen Baum halt. Wir konnten noch immer sehr wenig miteinander reden. Rücksichtsvoll ging Ofelias Tante mit Cousinen weiter voraus. Ofelia lehnte sich gegen den Baum und lächelte. Ich blickte auf ihre dunkelbraunen Augen und ihr langes Haar hinunter, das sanft über ihren Nacken glitt.

»Du bist sehr schön«, flüsterte ich, und näherte mich ihr.

Sie lachte. Ich beugte mich hinab, um sie zu küssen.

»Tomas, Tomas«, flüsterte sie ruhig. Ich hielt ihre beiden Hände, und wir berührten uns mit unseren Nasen.

Bald kamen die anderen in unseren Bereich zurückgeraschelt und machten genügend Lärm, um uns zu alarmieren. Die Kinder waren geschickt; sie ließen Stöcke knallen, schrien und spielten — besser als Warnglocken. Früh am nächsten Morgen ging ich allein den Berg hinauf und schnitzte mit einer Machete, einem langen Messer, das in Lateinamerika oft verwendet wird, unsere Anfangsbuchstaben in den Baum. Zwischen unsere Initialen schnitzte ich das Kreuz Jesu. Am Abend vor unserer Hochzeit erlebten wir eine reizende Feier in Ofelias Haus mit einer Serenade. Alle Verwandten und Nachbarn waren eingeladen. Die Missionare Harry und Jean Nachtigall dolmetschten liebenswürdigerweise die einzelnen Programmnummern für mich. Die Frauen und Mädchen hielten sich im Haus auf, während die Männer und Jungen draußen auf der Veranda standen. Vier oder fünf Musikanten standen vor der geschlossenen Tür und sangen den Frauen zu Ehren, die Liebe des Bräutigams für die Braut symbolisierend. Die Lieder tönten durch die Nacht, und ich versuchte, mit meinem gebrochenen Spanisch mitzusingen. Die weichen Lichter, die Finger, die über die Saiten der Gitarre glitten sowie das Lächeln, das Gelächter und das Scherzen bildeten einen schönen Abend. Doch für mich wartete das Schönste hinter der geschlossenen Tür.

Das kleine Fenster in der Tür öffnete sich knarrend. Ich reckte mich, um Ofelia sehen zu können, aber die Lichter im Wohnzimmer waren gelöscht. Alles, was ich sehen konnte, waren sechs oder sieben Nasen, als die

Frauen beglückt ihr Konzert von der Dunkelheit aus beobachteten. Wann würde ich sie sehen? Endlich war der Augenblick gekommen. Die Tür öffnete sich, und meine lächelnde Ofelia kam mir entgegen. Wir küssten uns. Alle jubelten. Es hätte romantischer nicht sein können!

Unsere Trauung fand im *Seminario Latinamericano* statt, einem der ältesten und angesehensten Seminare in Mittelamerika. Mein Bruder in Christo, Alson Ebanks, spielte auf seiner Gitarre, während ich für Ofelia sang. Über 250 Gäste wohnten der Zeremonie bei, und später gab es ein großes Festessen mit Huhn und Reis. Ofelia sah nach der Hochzeit ein wenig müde aus. Ich erfuhr später, daß sie ihr Hochzeitskleid und sämtliche Kleider für die Brautjungfern in den letzten Wochen vor dem Fest selbst genäht hatte. Als wir am darauffolgenden Tag zur Insel zurückflogen, hatten wir ein zweisprachiges Neues Testament. Wir lasen es gemeinsam, wodurch wir unseren Wortschatz erweiterten, wozu der Herr uns Geduld und Liebe schenkte.

In den Weihnachtsferien flogen Ofelia und ich in einer DC-3 mit Steve und Ruby Smith nach Cayman Brac. Das Flugzeug machte gelegentlich auf der romantischen Insel Little Cayman (mit einer Bevölkerungszahl von damals 14 Personen) Zwischenlandung, indem es eine Graslandebahn benutzte. Little Cayman besitzt wunderschöne ruhige Plätze mit weißen und rosafarbenen Stränden.

Wir kletterten auf den Klippen von Cayman Brac, kundschafteten Höhlen aus, fuhren langsam die einzige Hauptstraße hinunter und besuchten die schönste Attraktion der Insel — ihre Bewohner. Wir übernachteten in den zwei Hinterzimmern einer kleinen Kirche bei

Cotton Tree Bay. An jenem Sonntag spielte Ruby auf dem Klavier, Steve und ich unterhielten uns, und Ofelia (die noch nicht Englisch konnte) bezeugte durch ihr liebevolles Lächeln, daß sie infolge des in ihr wohnenden Heiligen Geistes wortlos an allem teilnahm.

Als wir unser kirchliches Amt auf Grand Cayman antraten, beschloß ich, die Literaturprojekte fortzusetzen, bis ich Nachricht aus Kuba bekäme. Auf ähnliche Aktionen waren Antworten mit der Post gekommen, wenn auch oft erst Jahre später. 1974 konnte ich die meisten Säcke mit Literatur, die von den letzten beiden Reisen übriggeblieben waren, der Besatzung eines Handelsschiffes übergeben. Dies geschah mit Wissen des Schiffsreeders. Er konnte die Pakete entlang der internationalen Schiffahrtsroute an der kubanischen Küstenlinie verteilen. Später berichtete er mir, ein kubanisches Torpedoboot sei ihm eine gewisse Strecke unweit der Punkte gefolgt, an denen er die Literatur abgeworfen hatte. Doch die Neuen Testamente wurden nicht vernichtet.

Zwei Wünsche erfüllten sich gleichzeitig in meinem Leben! Der eine, an einer christlichen Schule zu unterrichten, und der andere, die Kämpfe und Siege der Kirche in kommunistischen Ländern zu studieren. Was sollte getan werden? Welchen Weg würde Gott weisen? Die Tatsache, daß offizielle christliche Publikationen und internationale Kirchenkonferenzen nicht die Wahrheit aufdeckten, beunruhigte mich sehr. Sie verschwiegen nicht nur die Verfolgung, die es in diesen Ländern gibt, sondern sie erklärten, daß es sie nicht gäbe. Kubanische und russische Pfarrer, die auf offiziellen Reisen in die freie Welt kommen, predigen von vollkommener Freiheit. Doch in keinem einzigen Fall, den ich kenne, brachten sie ihre Familien mit. Warum? Dies erschwerte es ihnen wohl, abzufallen, sollten sie sich je dafür entscheiden und somit in der Lage sein, die ganze Wahrheit zu sagen. Der im Exil lebende Solschenizyn und Georgij Vins, der baptistische Geistliche, verhielten sich nach ihrer Freilassung und ihrem Eintreffen in den USA teilweise zurückhaltend, bis ihre Familien sicher aus der Sowjetunion heraus waren.

Etliche der Besuche abstattenden Geistlichen werden geschickt, um uns hinters Licht zu führen. Während Vins' Internierung trat ich Michail Bitschkov entgegen, der damals Präsident der russischen Baptisten war und eine große Stadt im Mittelwesten besuchte. Ich stellte ihm vor den Fernsehkameras die Frage, warum er behaupte, daß Vins wegen »Steuerhinterziehung« inhaftiert sei. Vins' Vater, ein Pfarrer, sei im Gefängnis gestorben. War dies, so fragte ich, ein anderer »Steuerfragen«-Fall? Er überspielte die Frage ebenso wie viele ähnliche aus dem Publikum.

»Warum wurde meine Bibel auf dem Moskauer Flughafen beschlagnahmt?« fragte eine ältere Dame.

»Bibeln müssen offiziell vorgelegt werden«, lautete die steife Antwort.

Ein junges Mädchen stand auf und fragte: »Warum wurde Nicole Sadunaite in Litauen eingesperrt, nachdem sie eine religiöse Zeitung gedruckt hatte?«

Keine Antwort. Von den insgesamt 15 Fragen, die im Altarraum der großen Kirche gestellt wurden, wich Bitschkov geschickt zehn Fragen aus. Ein Mann mit slawischem Akzent, der unter den Zuhörern saß, erhob sich und begann zu schreien: »Lügen ... Lügen ... Sie erzählen nicht die ganze Geschichte!«

Bitschkov stand ruhig dort, während die Türhüter den Mann das Seitenschiff hinunter zum Portal zerrten. Als ich an diesen Vorfall dachte, fragte ich mich: ›*Kann ich nicht etwas Konstruktives leisten, um diese Verschleierung auszugleichen?*‹ Aber ich hatte so wenig Zeit. In dem Maße, in dem meine Verantwortung für die Schule und Kirche auf Cayman wuchs, wuchs auch meine Sorge um Kuba. Es spitzte sich zu; auch kam ein neuer Gast in unser Haus!

Im Juli 1975 wurde Dorothy Elizabeth White während eines Besuchs im Sommer bei meinen Eltern in Dallas, Texas, geboren. Ofelias Eltern kamen auch zur Geburt. Ich glaubte fest, daß meine Frau einen Jungen bekommen würde; in diesem Fall würde ich mich auf vertrautem Terrain befinden. Doch ich wurde buchstäblich von dem so schönen, kleinen Ding verwirrt, als ich Dorothy im Kinderzimmer sah. Ich saß mit meinem Bruder Jim und ein paar Freunden im Eßzimmer auf dem Boden. Wir beobachteten sie stundenlang. Ich würde sie nicht gegen zehn Jungen eintauschen. Bald bestiegen wir mit diesem kostbaren Bündel einen Jet und kehrten zu unserem kleinen karibischen Bungalow zurück, wo ich mein fünftes Jahr als Lehrer begann. Und wieder bereitete ich mich glücklich darauf vor, zu unterrichten, die Chöre und Kirchenkantaten zu dirigieren und meine Kubaarbeit fortzusetzen. Doch Gott hatte andere Pläne. Einen Tag, ehe die Schule wieder begann, wurde ich extrem schwach und blaß. Im Krankenhaus stellte der Arzt schwere innere Blutungen fest. Da ich kein guter Haushalter meines Körpers gewesen und nicht langsamer geworden war, brach ich einfach zusammen. Ich war zu schwach für eine Operation.

Doch Gott bewahrte gnädig mein Leben, und die Blutungen hörten auf. Die nächsten Wochen verbrachte ich im Bett, wo ich meine Prioritäten erneut überdachte. Immer in Sorge, kam meine Mutter mit dem Flugzeug, um mich zu sehen.

Im Herbst 1975 verließ ich betrübt Cayman, um mich im Haus von Ofelias Eltern zu erholen. Es war eine belebende Zeit der physischen Aktivitäten in den Bergen, als die Milchkühe in den frühen trüben Morgenstunden die Straße hinuntergeführt wurden, und Ofelias frohe Familie immer kleine Loblieder zur Ehre Gottes bei der Arbeit sang.

Einmal wagte ich mich noch in das Seminar, in dem wir getraut worden waren. Was für ein Schlag! Das lange schwarze Brett war mit rotem Papier abgedeckt. Papiersoldaten, die Maschinengewehre in der Hand hielten, waren draufgeheftet. Darüber stand die Parole: »Wir sind eins mit unseren nicaraguanischen Brüdern.« Nachdem ich dies überflogen hatte, schrieb ich eine Stelle aus Matthäus 26, 52 auf das Papier: »Wer das Schwert nimmt, der soll durchs Schwert umkommen.« Die Schule wurde nunmehr vom Weltkirchenrat finanziert. Die Situation änderte sich schnell. Die Befreiungstheologie, die Lateinamerika erfaßte, verlagerte das geistlich-soziale Konzept des Evangeliums weit auf die soziale Ebene, wobei sie viele verführte und hereinlegte. Ein Professor des Seminars erklärte mir später, daß der kubanische Revolutionär Che Guevara und der indische Führer Mahatma Ghandi aufgrund ihrer humanitären Werke Christus näher seien als die meisten Christen! Was jener Professor — und diejenigen, die er anleitete — nicht erkannten, ist der Umstand, daß wahre soziale Gerechtigkeit und Freiheit das Ergebnis geistlicher Wiedergeburt sind. Ohne ein richtiges Verhältnis zu Gott durch Jesus Christus sind alle menschlichen Versuche einer sozialen Verbesserung zum Scheitern verurteilt. Warum? Weil wir eben nicht einen sozialen Kampf führen; es ist ein titanischer geistlicher Kampf zwischen Gott und den Mächten des Teufels.

Als ich gewahr wurde, daß Gott mich dazu bewegte, eine tiefgründigere Rolle in Erfüllung Seiner Berufung zu spielen, beschloß ich, mich hauptamtlich zum aktiven Dienst zu verpflichten.

Wir verkauften die Mehrzahl unserer Hochzeitsgeschenke und flogen nach Glendale, Kalifornien. Hier sollte ich gute und lebendige Beispiele von Christen aus Kuba, Osteuropa und Rußland treffen, solche, die noch im »Ofen« sitzen und aus dem »Feuer« kommen. Der winzige Prozentsatz, der in den Westen gelangt, stellt nur die Spitze des Eisberges dar. Mein Lesen und mein Studium waren im Begriff, bestätigt zu werden. Ich lernte viel von den ruhigen Menschen, den unbekannten Helden, die man nie im Fernsehen sehen, im Rundfunk hören oder ein Buch schreiben sehen wird.

Ein solcher Besuch war bei Wasilij Rascol und seiner Familie. Ofelia war mit Dorothy nach Costa Rica geflogen, um ihre Familie für drei Wochen zu besuchen, und so verköstigte ich mich, der ich meine Zeit nicht in der Küche verbringen wollte, in der trägen Art eines Bakkalaureus (jemand, der den niedrigsten akademischen Grad erworben hat) aus Konservenbüchsen und Dosen. Eine freundliche rumänische Familie kam gerade rechtzeitig nach Kalifornien. Die Mutter Elena war eine fantastische Köchin! Sie sprachen wenig Englisch, doch inzwischen war ich an solche sprachlichen Barrieren bereits gewöhnt, und wir konnten uns dennoch verständigen. Wasilij, der Vater, hatte traurige, dunkle Augen, aber ein Lächeln, das sein Gesicht erhellte. Er war eben erst nach zweijähriger Haft in Rumänien auf freien Fuß gesetzt worden, nach einer vierjährigen Haftstrafe, weil er Bibeln an Christen verteilt hatte. Elena hatte unentwegt um seine Freilassung gekämpft. Er zeigte mir die große Narbe, die an seinem Bein hinabführte, wo am Tag nach einem operativen Eingriff im Gefängniskrankenhaus wegen Krampfadern die Nähte geplatzt und nicht wieder geschlossen worden waren. Die Wachtposten lachten nur, als sie seine Hilferufe hörten. Die Schwierigkeiten mit seinen Beinen rührten daher, daß seine Zelle zum Auf- und Abgehen zu klein war.

Die Familie Rascol am Tage von Vasil's Freilassung aus dem Gefängnis

Sein zwölfjähriger Sohn Dorian und die sechsjährige Tochter Christiane waren ungewöhnliche Kinder. Der kommunistische Staat verbietet das Verteilen christlicher Literatur. Dorian pflegte an der Straßenecke zu stehen und die Polizei im Auge zu behalten, während Christiana von Haus zu Haus rannte und christliche Traktate unter die Türen schob. Dies erinnerte mich an die frühen Christen, die in den römischen Katakomben beteten. Sie leisteten Caesar, einem selbsternannten Gott, Gehorsam in zivilen Angelegenheiten, erinnerten sich aber der Worte des Propheten Jesaja in bezug auf Jesus: »Die Herrschaft wird auf Seinen Schultern ruhen.« (Jes. 9, 5).

Diese ruhige, schöne Familie hatte vieles zu erzählen. Es sind Berichte, die nie in einem Buch festgehalten werden, aber sie trafen mich mit der Wucht einer lebendigen Apostelgeschichte. Was die Apostel erduldeten, war normales Christentum. Heute leben Christen im Westen unter einem besonderen Schutz, einem Segen, der uns von Gott für eine gewisse Zeit gespendet wird — für Seine Ziele.

Der nächste »Apostel«, der mein Haus besuchte, war ein baptistischer Geistlicher, David Klassen, der soeben zehn Jahre Haft in russischen Arbeitslagern hinter sich hatte. Während er im Lager betete, wurde stets das Bildnis Lenins vor ihm aufgestellt.

»Sieh doch«, pflegte man ihn zu verspotten, »du betest zu Lenin!«

Im Lager Nr. 243 in Nordrußland hetzte ein Wachtposten einmal seinen Hund auf Klassen. David betete, als der gefährliche Dobermann auf ihn zugelaufen kam. Plötzlich machte der Hund kehrt und sprang nicht ihn an, sondern den Wachtposten, und biß in das Gewehr seines Herrn. Andere Wachen rannten herzu, um dem blassen, erschrockenen Wachtposten zu helfen.

In Bulgarien wurden Christen in einem Arbeitslager einmal mit Wachhunden in einen Zwinger gesperrt. Die Hunde wurden unruhig, begannen zu winseln und an der Wand zu kratzen, um zu entkommen wie bei Daniel in der Löwengrube. Solche Erzählungen sind fast alltäglich unter den Heiligen im Gefängnis.

Pfarrer Assen Simeonov, der ehemalige Vertreter Bulgariens im Weltkirchenrat, war bei mir zu Gast. Er erzählte von einem Treffen des Weltkirchenrates in Kenia, auf dem die Vertreter des Sowjetblocks von den russischen Delegierten angewiesen wurden, zu den Fragen »gemeinsam« abzustimmen. Er war erstaunt über die Machtspiele und Manöver hinter den Kulissen. Simeonov verließ den Weltrat und hielt ein Seminar in den Wäldern außerhalb von Sofia für christliche junge Menschen ab, die Gott dienen wollten.

Simeonov sagte mir, daß die bulgarische Akademie, wie alle anderen in kommunistischen Ländern, eine trockene, kraftlose Körperschaft intellektueller Professoren aufweise, die lediglich die gemeinsamen Punkte des »Einklangs« zwischen Marx und Jesus betonen. Ein weiterer Pfarrer wohnte einem solchen Seminar in Rumänien bei. Nur dadurch, daß er von einer gleichgesinnten Person einen Schlüssel erhielt, war er in der Lage, sich des Nachts in der Bibliothek zu verstecken und über die großen Heiligen und Kirchenväter in Büchern zu lesen, die in verschlossenen Schränken aufbewahrt wurden.

In den Jahren 1975 bis 1978 war ich in der Lage,

viele solche Leute zu treffen. Ihre schlichten Berichte wurden teils in einem monatlich erscheinenden Rundbrief der Mission, teils in Zeitschriftenartikeln oder als Nachrichtenberichte veröffentlicht. Doch die Einzelheiten, die schwierigen menschlichen Aspekte waren lebendige Wirklichkeit vor meinen Augen. Diese Menschen aßen mit mir und beteten für mich. Es waren keine flüchtigen Urlaubsbekanntschaften, die einen sorgfältig vorbereiteten Eindruck vermitteln sollen; wir lebten lange Zeit als Brüder zusammen.

Hier noch eine letzte Geschichte: Als Vasile und Elena einmal Bibeln zu Christen brachten — Bibeln, die von unserer Mission in Europa gedruckt werden — schneite es an jenem Tag in Bukarest heftig. Obwohl keine Autos auf der Straße fahren durften, mußten sie einen christlichen Missionar treffen, der 28 Säcke mit Bibeln in Empfang nehmen sollte. Vasile und Elena fuhren mit dessen Bruder in einem großen, leeren Stadtbus. Als sie sich den Weg durch die tiefen Schneeverwehungen pflügten, hielten sie schließlich hinter dem wartenden Auto, das die Straße blockierte. Nachdem sie den Missionar umarmt und geküßt hatten, begann der rasche Versand. Zwanzig Säcke der kostbaren Fracht wurden in den Bus verladen.

Plötzlich sah Vasile das Blinklicht eines Polizeiautos hinter sich. Elena und Vasile sprangen rasch in den Bus und legten sich auf den Boden. Das Auto gehörte der Securitate — der speziellen politischen Polizei, ähnlich dem russischen KGB oder der kubanischen G-2. Der Polizeioffizier stellte sein Auto hinter dem Bus ab und schritt langsam auf die zwei Fahrzeuge zu, mit seinen langen, glänzenden Stiefeln durch den Schnee stapfend. Vasiles Bruder öffnete schnell die Kühlerhaube des Busses und gab vor, Reparaturen durchzuführen. Alle beteten schweigend. Der Polizist sagte nichts. Da er infolge des Spaziergangs heftig atmete, traten aus seinem geöffneten Mund Wolken warmer Luft. Er stieß die Tür des Missionsautos auf und spähte angestrengt hinein; seine Hand lag auf den restlichen Säcken mit Bibeln. Als er nichts Verdächtiges sah, wandte er sich abrupt ab und schlenderte zurück zum Streifenwagen.

»Danke, Herr Jesus«, flüsterte Elena, als sie ihn durchs Fenster beobachtete.

Berichte von Gottes Schutz in Zeiten der Gefahr gibt es viele, sogar in Amerika. Am 2. Juli 1976 fuhr ich auf einer Autobahn in Los Angeles, als ich plötzlich Blut spucken mußte. Da ich auf der Schnellspur fuhr, versuchte ich, mich zu einer Ausfahrt zu manövrieren, hatte aber keine Zeit mehr. Als vor meinen Augen alles schon schwarz und verschwommen wurde, flüsterte ich »Jesus« und brach zusammen. Das Auto wurde infolge des sich daraufhin ereignenden Unfalls demoliert, aber ich hatte nur eine kleine Schnittwunde an der Wange davongetragen. Die Sanitäter brachten mich schnellstens ins California-Krankenhaus; dort hörte der Arzt, wie Luft durch mein Herz strömte. Er rief einen jungen Assistenzarzt auf die Intensivstation.

»Hei, kommen Sie herüber und hören Sie das Herz dieses Burschen ab. Ich möchte, daß Sie das lernen.« Er wartete darauf, daß der Medizinstudent mit seinem Stethoskop etwas hörte. »Hören Sie dieses zischende, surrende Geräusch? So hört sich das an, wenn das Herz nicht genügend Blut bekommt und Luft durchgeht.«

Der Medizinstudent setzte das kalte Instrument immer wieder an, schien es jedoch nicht zu hören.

Die Ärzte stellten fest, daß mehreres nicht in Ordnung war, einschließlich Krebs — eine Art, die selten tödlich ist — aber sie konnten den primären Tumor nicht ausfindig machen. Als ich nach dem operativen Eingriff im Bett lag, kam es mir in dem stillen Zimmer friedlich vor. Die schweren Vorhänge waren ein wenig geöffnet, so daß ein Lichtstrahl über das Bett fiel. Es war schön, goldgelb.

Als ich mit dem Kopf auf dem Kissen ruhte, hörte ich auf einmal Musik. Zuerst setzte der Sopran in hohen, kristallklaren Tönen ein, die wie in einer großen Kathedrale widerhallten. Bald stimmten der Alt, der Tenor und der gewaltige tiefe Baß in die Hymne ein. Strophe für Strophe des Lobes flutete wie das Sonnenlicht über mein Bett. Wie gebannt wollte ich nicht, daß es aufhörte. Nach 15 Minuten etwa wurde das Singen leiser, aber die Freude blieb.

Später erzählte ich Mutter, die wie üblich in einer Krise bei mir war, von dem Singen. Sie schrie auf, weil sie glaubte, daß ich im Sterben läge.

»Mutter, ich sterbe nicht«, versuchte ich sie zu beruhigen. »Ich kann nicht in die Kirche gehen, und so gab mir Gott eben ein besonderes Konzert.«

In den darauffolgenden Jahren erhielt ich eine wertvolle Schulung; ich las religiöse und politische Veröffentlichungen aus der ganzen Welt. Täglich konnte ich viele verschiedene Erklärungen und Fotos miteinander vergleichen und mir meine Meinung und Überzeugung bilden, und das nicht bloß von einer Geschichte oder *einem* Lager. Einer der stichfestesten Beweise für die weitverbreitete religiöse Verfolgung kam aus den russischen Zeitungen selbst. Immer und immer wieder lasen wir von Verhaftungen von Baptisten, Pfingstlern, Orthodoxen und Adventisten sowie von den Anschuldigungen des »Gifts«, das sie angeblich verbreiteten. Wir erhielten Abschriften von ihren Prozessen, die jeder Gerechtigkeit spotteten. Dann las ich in offiziellen religiösen Publikationen des Westens Erklärungen von Kirchenführern, daß diese Verfolgungen nicht existieren oder daß »ihre Vergehen zivilrechtlicher Art sind, weil uns seitens der kommunistischen Behörden versichert worden ist, daß dies der Fall sei«.

Aufgrund dieser Vergleiche begann ich zu erkennen, wie wertvoll der Bibelvers ist, der besagt: Lerne, um durch dein Wissen anerkannt zu werden. Ich sollte kein zweifelnder Thomas im geistlichen Bereich werden, sondern ich *wurde* ein bedächtiger, skeptischer und wissbegieriger Thomas. Ich war in einem »Rekrutenlager« und lernte »Antiausfluchtskriegführung«. Ich mußte lernen, Satans unheilvolle Täuschungsmanöver zu erkennen, die er täglich an der unwissenden Menschheit durchführt. Es kam mir in den Sinn, daß die Westler wirklich an das Beste der Menschen glauben wollen. Während dies ein bewundernswerter Charakterzug ist, wird er ins Extreme geführt, in bewußte Ignoranz.

Erneut konzentrierte ich mich auf Kuba. Wir hatten keine einzige Nachricht erhalten, und daher vermutete ich, daß alle unsere Abwürfe auf See umsonst gewesen seien. Da die spanische Gemeinde in unserer Kirche etwa zur Hälfte aus Kubanern bestand, war ich noch immer sehr damit konfrontiert und beunruhigt. Unser

Pfarrer war ein gewisser Dr. Juan Oropesa, ein Geistlicher, der um seines Glaubens willen sieben Jahre in Fidel Castros Gefängnis zugebracht hatte. Da ich mir des Mangels an christlicher Literatur auf Kuba bewußt war, dachte ich wieder an jene Reise, die ich über dieses Land gemacht hatte und an die zufällige Verteilung von Paketen aus der offenen Tür der Beechcraft. Ein interessanter Gedanke ging mir auf. *Warum nicht wieder, aber in der Nacht?*

Tatsächlich gab ich den Druck von über 100 000 Exemplaren christlicher Traktate in Auftrag. Ich entdeckte, daß diese Schriftstücke, mit Kunststoffolie überzogen, praktisch unzerstörbar wären. Ein Schriftstück konnte hundertmal herumgereicht werden, ohne daß es riß, vergilbte oder unbrauchbar wurde.

Zu Hause gab ich meinem Sohn Daniel ein Muster für den härtesten Test. Er war gerade im Kaualter und so könnte man sagen, daß er seine Zähne am Evangelium wetzte. Nachdem er es eine Woche lang heftig umhergezerrt, gebissen und geschlagen hatte, brachte er lediglich ein paar Eselsohren und Dellen zustande, doch das Material blieb einwandfrei, lesbar und vollständig, und es gab keine Einschnitte.

Eines Abends fuhren Ofelia und ich auf Santa Monica zum Strand hinunter; Ofelia trug einen 5-Liter-Benzinkanister. (Es ist offenkundig, daß meine Frau geduldig und langmütig ist.) Wir schöpften literweise Meerwasser, um es für mein Experiment nach Hause zu nehmen. Ich durfte kein frisches Wasser benutzen; es mußte das richtige sein! Ich nahm ein paar der überzogenen Schriftstücke, zerkleinerte sie zunächst und warf sie dann in unsere Küchenspüle ins Wasser. Die gefällige

Ofelia verlor kein einziges Wort über den Sand und das Salzwasser, das wie Dieselöl roch, sowie zu dem Papier in ihrer sonst tadellosen Küche. Am nächsten Morgen schwamm alles bestens, und die zerkleinerten Stücke hatten kein Wasser aufgesogen.

Während dieser Testperiode nahm ein anderer christlicher Pilot, ein Baptistenpfarrer, fünf Schachteln mit diesen Evangeliumstraktaten und warf sie über internationalem Gewässer an einer Stelle ab, die wir für nützlich hielten. — Noch immer kein Wort von Kuba!

Pilot John Lessing und Tom White diskutieren Flüge nach Kuba

Schließlich — ich wußte nicht wann und mit wem — begann ich einen Nachtflug über die Insel Kuba zu planen. Mein Pilot, John Lessing, brachte die entsprechenden Karten zu mir nach Hause, und wir fingen an, die Mission zu planen — Fracht, Flugzeuggeschwindigkeit, Entfernung, Treibstoff. Nacht für Nacht ... Telefonate beim Mittagessen ... Jede Faser meines Körpers lebte mit diesem Projekt. Ich betete um Führung, lebte damit, aß damit und schlief damit. Wenn ich gegen zwei oder drei Uhr früh aufwachte, pflegte ich ins Eßzimmer zu gehen, wo die große Flugkarte auf dem Tisch ausgebreitet war. Ich betete, berechnete Entfernung, Zeit und Halt zum Auftanken, sogar wie die rückwärtige Luke des Flugzeugs zu öffnen sei, das wir noch gar nicht hatten. Es war, als ob ich mich mein ganzes Leben lang darauf vorbereitet hätte, von einem obersten Gott geführt. Im Dezember, nachdem wir ein Jahr mit der Ausarbeitung von Einzelheiten an den Abenden und an Wochenenden zugebracht hatten, waren wir soweit. Da es John an dem nötigen Instrumentenzeugnis mangelte, die für einen Überflug Kubas erforderlich war, hatte er einen anderen Piloten für uns gefunden. Linda Jackson hatte ihr Zeugnis einen Tag vor dem Flug erhalten.

IV

Manna aus 3 000 m Höhe

Wie vorgeschrieben, hatten wir uns telegraphisch in Havanna registrieren lassen und unsere Flugzeugnummer, den Namen des Piloten und den Zeitpunkt des Überflugs angegeben. Am 7. Dezember starteten wir von Fort Lauderdale, Florida, aus zu einem 14stündigen Flug um Kuba, entlang der Bahamakette und anschließend südlich von Kuba nach Georgetown, Grand Cayman. Unsere gelbgrüne einmotorige Cherokee Sechs war ein guter Lastenträger.

Als wir an jenem Abend in Georgetown landeten, hatte ich wenig Zeit, um meinen Freunden »Guten Tag« zu sagen. Wir machten nur einen 45minütigen Halt zum Auftanken, ehe wir Kurs auf Kuba nehmen konnten. Unser Flugzeug wurde nicht kontrolliert, da wir auf dem Durchflug waren. Ich rannte in den Tower hinauf, um meine Bekannte Jeri Andrews zu treffen. Mit einem weiblichen Fluglotsen und einer Pilotin zusammenzuarbeiten, war für mich eine neue Erfahrung. Jeri, die unser Vorhaben nicht kannte, sicherte unseren Flug über Kingston (Jamaika, Radio), das sich seinerseits bei Havanna meldete. Alles war in Ordnung. Wir hatten die Erlaubnis zum Überflug.

Als wir zur Startbahn rollten, begann ich die Schachteln hinten in der Kabine zu öffnen. In der tropischen Luftfeuchtigkeit war ich sogleich in Schweiß gebadet. John und Linda überprüften die Instrumente und hoben zur vorgeschriebenen Zeit ab. Jeris Stimme kam

Mannschaft, die in der Schweinebucht Evangeliumsschriften aus der Luft abwarf

über Funk, als das Flugzeug auf die uns zugewiesene Höhe kletterte: »... klar, wie durchgegeben zum Hollywood-Fort Lauderdale-Flughafen. Haltet 9000. (ca. 3000 m)«.

»Roger, Georgetown«, bestätigte Linda routinemäßig.

Unsere erste Funkfeuerkontrollstelle befand sich ironischerweise in der Schweinebucht beziehungsweise Giron, Kuba, wo die militärische Invasion in den 60er Jahren stattgefunden hatte. Die ersten dreißig Flugminuten verliefen wie geplant. Linda sprach ein letztes Mal mit Jeri.

»Melde ATUVI-Kreuzungspunkt, Höhe 9000.« Mit Wolken und keinerlei Bodenhinweisen war es ein düsterer Abend, und die Piloten waren gezwungen, sich allein auf die Instrumente zu verlassen. Jeri schloß mit den Worten: »Kontaktiert Funk auf 126.9, Jungs.«

Wir waren immer noch eine Stunde vom Funkfeuer Giron entfernt, als Linda bemerkte, daß der Kurskreisel alle paar Minuten neu auf den Magnetkompaß eingestellt werden mußte. Das war nicht normal. Sie warf John ruckartig einen nervösen Blick zu.

»Das heißt dreißig Grad vom Kurs, und ich habe ihn erst vor einer Minute neu eingestellt«, beklagte sich Linda.

Dies war nicht die Zeit für Navigationsschwierigkeiten. John klopfte mit dem Finger auf das Peilgerät; es war auf das Funkfeuer Giron eingestellt, welches uns zur Küste geleiten würde. Den Kopf schüttelnd, bemühte er sich, die piepsenden Geräusche des Morsealphabets auszumachen. Es war zu schwach. Inzwischen trieb uns ein starker Seitenwind vom Kurs ab. Als wir über Giron eintrafen, waren wir 15 Minuten zu spät dran. Linda war wütend. John, der etwas in den Wolken blitzen sah, war zu Recht nervös. Er befürchtete, es könnte das Röhrenblitzlicht eines MIG-Jagdflugzeugs sein.

Wir überflogen die Schweinebucht und steuerten direkt auf das gegenüberliegende Funkfeuer auf der Nordküste in Veradero zu. *Eine zweite Invasion,* dachte ich, aber von anderer Art. Als wir uns der Stelle näherten, an der ich mit dem Abwurf von Literatur beginnen würde, fiel mir ein, daß es Pearl-Harbor-Tag war. Ich betete, daß die Botschaften der Liebe, die wir abwarfen, die Wirkung geistlicher Bomben haben mögen, um Christen zu ermutigen, während wir ein Samenkorn des Fragens in den Verstand der Marxisten pflanzten.

Wir beförderten Evangeliumstraktate speziell für Marxisten. Von einem ehemaligen Marxisten und jetzigen christlichen Pfarrer verfaßt, wird in dem Traktat auf einfache Weise dargelegt, daß, wenn man sich Marx und Lenin zum Vorbild nimmt, alles im Grab endet, da es im Marxismus keinen Glauben an ein Leben nach dem Tod gibt. Es wurde darin erklärt, daß weder der Marxismus noch der Kapitalismus die ewige Hoffnung böten, die Jesus Christus gibt. Nur durch das Annehmen des Opfers Jesu kann die Seele Liebe, Frieden und Hoffnung finden.

Um wirksam zu sein, muß die Literatur verständlich sein. Sie muß dem marxistischen Denken angepaßt werden. Jesus sagt in Matthäus 13, 18–19:

»So höret nun ihr dieses Gleichnis von dem Sämann:

Wenn jemand das Wort von dem Reich hört und *nicht versteht,* so kommt der Arge und reißt hinweg, was da gesät ist in sein Herz ...« In unserer Literatur wurde das Konzept der Götter Marx und Lenin verwendet, um den einen wahren Gott, Jesus, vorzustellen. Paulus benutzte den »Unbekannten Gott« (Apg. 17, 23), um Jesus bekanntzumachen. Die am häufigsten in kommunistische Länder eingeführte christliche Literatur ist die Bibel. Für den überzeugten Marxisten und Kommunisten haben wir jedoch auch entdeckt, daß *»Auf den Spuren von Marx und Lenin«* und andere einfache Broschüren, wie beispielsweise *»Was Christen glauben«* (welches ebenfalls nach Kuba geschickt wird), wirkungsvoll sind und nicht auf den ersten Blick gleich in den Abfall wandern. Sie öffnen die Tür und bereiten den Boden. Vor dem Synedrium (altgriechische Ratsbehörde) benutzte Paulus die Frage vom Leben nach dem Tode, um Christus vorzustellen. So stellen wir es den Marxisten vor. Es ist dasselbe Evangelium, dieselbe Liebe, aber als persönliches Geschenk.

Nach vier oder fünf Minuten Landkurs ließ ich die hintere Luke aufspringen und legte einen Keil aus Schaumgummi in den Spalt. Ich befestigte einen Kopfhörer am rechten Ohr und lauschte auf die Aufzeichnung eines Metronoms, das genau im Sekundentakt tickte, und begann die Schriftstücke in taktmäßigem Rhythmus hinauszuwerfen. Auf diesem Flug waren wir nicht sicher, ob die Kubaner einen Radartypus hatten, der dies orten würde. Dennoch warf ich das Material in einem dünnen Strom hinaus, wie mir von einem christlichen Medizinprofessor, Dr. Larry James, empfohlen worden war, der sich mit dieser Situation in seinen Universitätslabors beschäftigt hatte.

Als ich sah, daß die ländlichen Gebiete dichter besiedelt waren, als auf der Karte angegeben, freute ich mich, obwohl wir keine Städte direkt überflogen. Die halbe Zeit flogen wir über kleine Hauslichter, Straßenlampen und andere Zeichen von Zivilisation hinweg. Unsere kleinen »Boten der Liebe« rieselten wirbelnd und sich drehend wie Schnee in die Dunkelheit, als sie langsam auf die Erde glitten. Linda sprach ruhig durch das Dröhnen des Motors weiter mit der Flugkontrolle in Havanna. Wir überflogen das nördliche Funkfeuer genau auf Kurs, und ich warf die schwerste Fracht in der Nähe von Matanzas auf Veradero Beach, dem bekanntesten Strand auf Kuba, ab. Der hohe Leuchtturm dort sandte seinen scharfen Lichtstrahl durch die Nacht auf Tausende von Flugblättern, die sich über Sand und Wasser verteilten. Wir meldeten uns bei Havanna ab und stellten auf die Frequenz Miami Center um. Als das Flugzeug Kuba hinter sich zurückließ, dachte ich an den nächsten Morgen, an dem die Schriftstücke überall auf dem Boden verstreut gefunden würden. Der Abschnitt in 2. Mose 16, 14–15 über das Manna, mit dem das Volk Israel in der Wüste gespeist wurde, fiel mir ein: »Und als der Tau weg war, siehe, da lag's in der Wüste rund und klein wie Reif auf der Erde. Und als es die Kinder Israel sahen, sprachen sie untereinander: ›Man hu?‹ (Was ist das?) Denn sie wußten nicht, was es war. Mose aber sprach zu ihnen: ›Es ist das Brot, das euch der Herr zu essen gegeben hat.‹«

Ich betete, daß Sein Brot verzehrt werden würde.

Bis zu diesem Zeitpunkt hatten wir mehr als die Hälfte des mit Plastikfolie überzogenen Materials verteilt. Aber eine große Menge lag noch immer in meiner Garage in Glendale. Obwohl wir den Luftkorridor von

Giron »gespeist« hatten, war der Luftkorridor mit Namen Maya immer noch unberührt. Den Luftkorridor über der Provinz Camaguey hatte ich 1973 mit Carlton überflogen. Da der Giron-Flug ohne Panne vonstatten gegangen war, waren wir der Meinung, daß man die restliche Literatur in größerer Menge auf einem Flug über der Maya abwerfen könnte, da sein Name auf dem Zollabfertigungstelegramm, das vor dem Giron-Flug bei Havanna eingereicht worden war, registriert war. Wir wollten kein Risiko eingehen. Ich betete und hoffte auf einen anderen Instrumentenpiloten, der mir helfen würde, und begann, Flugstunden zu nehmen.

Während der ersten paar Wochen war es schwer für Ofelia. Sie hatte meine Zeit im Krankenhaus und die Gefahr bei den Flügen, die ich unternommen hatte, durch gemacht und mußte jetzt meine neuen Abenteuer in einem scheinbar zerbrechlichen Schulflugzeug erdulden, das ihr wie ein Spielzeug vorkam. Im Vergleich zu einem kommerziellen Flugzeug war es das wohl auch! Bestürzt stand sie auf der Rampe daneben und rüttelte das ganze Flugzeug am Seitenruder. »Wenn du in diesem Ding da abstürzst, gehe ich nach Costa Rica!« tobte sie.

»Sei kein Frosch, Ofe, diese Dinger sind sicher. Weißt du nicht, wieviel Technik in diesen Instrumenten steckt?«

Ich öffnete die Luke des Schulflugzeugs, um es ihr zu zeigen, aber sie war davon nicht beeindruckt.

Aus Angst um meine Sicherheit, und weil sie Sicherheit für unsere Kinder wollte, warf sie eines Nachts meine Anmeldepapiere für die Flugschule weg, kurz bevor der Unterricht beginnen sollte. Da ich meine Papiere nicht finden konnte, warf ich den ganzen Müll auf den Küchenboden und suchte sie. Meine kleine Dorothy stand verwundert an der Tür und fragte mit ihrer süßen, dreijährigen Stimme wegen des Abfalls. Hartnäkkig wühlte ich in dem wüsten Durcheinander, murmelte ihr etwas Beruhigendes zu und fuhr sodann eilig zum Glendale-College zurück, um mich erneut zum Unterricht anzumelden. Viele Nächte später drehte ich mich im Bett um und sah, daß Ofelias Gesicht naß war von Tränen. Keine meiner Beruhigungen beschwichtigten ihre Ängste oder stillten ihr Bedürfnis nach Sicherheit.

Nach ein paar Wochen schien sie die Tatsache zu akzeptieren, daß ihr Ehemann Pilot werden sollte. Aber Gott hatte andere Vorstellungen. Ich bin eindeutig kein Pilotentyp. Obwohl mein Grundlehrkurs und zehn Übungsstunden reibungslos vonstatten gingen, hatte ich das Gefühl, daß alles im Mißerfolg enden würde. Ich könnte zwar wohl alle Prüfungen bestehen, am Ende aber, wenn ich Schwierigkeiten oder unerwarteten Problemen gegenüberstehen würde, wußte ich, daß mein Verstand nicht in der Lage sein würde, die komplexen technischen Entscheidungen in Sekundenbruchteilen zu treffen, die möglicherweise abverlangt werden würden. Da ich mein Gesicht nicht verlieren wollte, weigerte ich mich, zurückzutreten. So trafen gewisse Umstände die Entscheidung für mich.

Als ich nach einer Abendkursstunde in unserem Wohnzimmer saß, wurde mir übel, und ich lief schnell zum Küchenausguß. Innerhalb von Sekunden erbrach ich eine große Menge hellroten Blutes. Von der schweren Prüfung geschwächt, kämpfte ich mich zum Schlafzimmer.

»Ofelia . . .ich muß . . .ins Krankenhaus gehen. Der Ausguß ist voll mit Blut«, sagte ich ruhig.

Eine Nachbarin kam, um bei den Kindern zu bleiben. Ofelia ließ unseren Volkswagen anspringen und brauste mit mir zum kleinen Krankenhaus in unserer Nähe.

»Tom, wenn du vielleicht nicht so viele Dinge tätest... wenn du doch langsamer treten würdest«, gab Ofelia zu bedenken, als sie die Spur wechselte, um einen langsam fahrenden Lastwagen mit Anhänger zu überholen. Ihre zögernde Bemerkung löste ein langes Schweigen zwischen uns aus. Ich lehnte mit dem Kopf weiter an die Autoscheibe und hielt die Augen geschlossen.

»Ja doch«, seufzte ich. »Die Flugstunden. Ich werde ... aufhören müssen.«

Im Gemeindekrankenhaus lag ich wieder auf einem Tisch im Notaufnahmezimmer. Ofelia saß auf einem kleinen Schemel neben mir und sah mit gefalteten Händen angespannt zu, wie der freundliche Mann im weißen Kittel Kanülen in meine Nase und Kehle einführte. Er sprach mit slawischem Akzent.

»Woher kommen Sie? Osteuropa?« Ich würgte die Worte heraus.

»Meine Schwägerin ist aus der Ukraine.«

»Ich komme aus Rußland«, sagte er lächelnd und begann eine Nadel für die intravenöse Lösung in meinen Arm einzuführen.

»Wie sind Sie da herausgekommen?«

»Ich war auf einer Ärztekonferenz in Kanada. Ich mußte Frau und Kinder zurücklassen.« Er runzelte betrübt die Stirn. »Sie ist noch immer dort . . .meine wunderbare Frau. Sie hatte blondes Haar.«

Ich hatte tiefes Mitleid mit ihm. Ich blutete zwar innerlich, aber meine Frau saß zumindest neben mir. Er blutete auf andere Weise. Der Arzt brachte mich zur Beobachtung für ein paar Tage nach oben. Das Bluten hörte auf, setzte dann aber erneut ein. —Wieder kam ich in das Notaufnahmezimmer. Man zwängte mir einen gastroskopischen Schlauch durch den Schlund, aber dort war zuviel Blut, um überhaupt etwas sehen zu können.

Plötzlich spritzte Blut aus meinem Mund, meine Körpertemperatur begann zu sinken und meine Beine zitterten heftig.

»Wir brauchen hier neun Bluteinheiten, schnell!« befahl ein Arzt streng. Zwei weitere Ärzte versuchten, eine Transfusion einzuleiten, indem sie auf meine Venen klatschten, um eine Vene zu finden, die nicht in einem partiellen Zustand des Zusammenbruchs war.

»Wo bleibt das Blut?« schrie der Arzt. »Hat denn niemand verstanden? Ich benötige es jetzt!«

Eine Krankenschwester kam, um eine warme Decke um meine Beine zu wickeln und drückte die Beine sanft nach unten. Ich hörte eine Stimme sagen: »Alles wird gut, Schatz.« Eine andere Schwester hielt meine Hand, da ich mich weiterhin erbrach.

»O, Gott«, betete ich schweigend. »Ich bin ein Nichts, ... aber wenn Du mich nur um Dorothys und Daniels willen am Leben erhalten könntest ... Sie sind noch so klein ... Laß sie nicht ohne mich aufwachsen. Bitte, Jesus.«

Ich merkte, wie man mich aus dem Saal in einen Aufzug nach oben schob. Das Wort »Chirurgie« drang an mein Ohr, dann wurde alles dunkel . . .

Später, in der Umnebelung intensiver Behandlung, merkte ich, daß meine Mutter mit Ofelia da war. Sie flüsterte mir ins Ohr: »Ich werde mich um die Kinder kümmern.«

Die Diagnose war wieder Krebs, dieses Mal Magenkrebs. Zum Glück war es nur ein kleiner Tumor, den der Chirurg entfernte. Ich fühlte mich wie ein an Land gezogener Walfisch; wieder lag ich unter den Bettüchern mit Kanülen, Kabeln und Monitoren, die an mir angeschlossen waren. Mein Bruder Jim aus Dallas kam mit meinem anderen Bruder aus New York geflogen, und wir hatten einige schöne Wiedersehenstage im Krankenhauszimmer. Jorge Garcia und Pfarrer Larry Swain kamen und beteten. Dann erholte ich mich ein paar Wochen lang im Krankenhaus, während mein Magen heilte.

Ich wollte so sehr meine Kinder sehen! Eines Abends schmuggelte Ofelia sie auf meine Etage hinauf. Den Krankenschwestern schien es nichts auszumachen. Meine Magenkanüle wurde zeitweilig abgebunden, wobei dann ein Ende davon aus meiner Nase ragte. Mit dem kleinen Daniel auf dem Schoß und meiner Frau und Dorothy an der Seite verbrachte ich einige selige Augenblicke im Warteraum. Daniel gefiel die Kanüle. Ich ließ sie immer vor ihm herunterbaumeln, und er packte sie und versuchte, daran herumzukauen. Ofelia kam mir dann immer zu Hilfe.

Ich hatte viel Zeit zum Beten und während dieser ruhigen Tage für mich allein über die Zukunft nachzudenken. Meine Pilotenbücher und die Bibel lagen neben meinem Bett. Ich wandte mich Psalm 139, 9–10 zu: »Nähme ich Flügel der Morgenröte und bliebe am äußersten Meer, so würde auch dort deine Hand mich führen und deine Rechte mich halten ...«

»O Gott, was mache ich bloß?« betete ich. »Es ist mir physisch unmöglich, diese Arbeit weiterzubetreiben.«

Dann kam der Vers: »Ich vermag *alles* durch den, der mich mächtig macht, *Christus*« (Phil. 4, 13).

Eines Abends beobachtete ich einen Mann, welcher Lateinamerikaner zu sein schien und den Fußboden wischte. Als er von einer Seite zur anderen den Gang hinunterflitzte, sprach ich ihn auf Spanisch an und sagte ihm etwas über Kuba. Es stellte sich heraus, daß er selbst Kubaner war. Aufgeregt rief der Pfleger eine ältere Putzfrau herbei. Ihre Augen schimmerten von Tränen, so dankbar waren sie, daß sich ein Amerikaner aus Kalifornien um ihre so entlegene Insel sorgte.

Wir verabschiedeten uns, und ich schlurfte in meinen Hausschuhen den Korridor hinunter und pfiff: »Ein feste Burg ist unser Gott.« Es war spät in der Nacht. Ich konnte nicht singen, weil meine Bauchmuskeln am Heilen waren, aber pfeifen konnte ich zumindest. Die Last und Liebe für Kubaner, Menschen, die sich nach einem Wort der Liebe sehnten — Gottes Liebe — kam über mich. Ich blieb bei einer Telefonzelle stehen, die in die Wand eingelassen war, und rief:

»Oh, lieber Gott, gib mir noch einen Flug, nur noch einen zweiten Flug.«

Tränen kullerten an meinem Gesicht herunter. Ich wußte, daß ich nicht aufhören konnte. Er wußte es auch. Wenn wir uns Ihm öffnen, wird Er unser Zuvor und unser Danach. Die Wünsche, die Er mit Freude in unseren Herzen entfacht, erfüllt Er auch gerne.

Ein paar Wochen später schrieb ich Mel Bailey, einem Christen und ehemaligem Armeekapitän und Hubschraubertestpiloten. Er war auch in Flugzeugen mit festen Tragflächen erfahren. Wir vereinbarten einen provisorischen Termin für das Wochenende über den Heldengedenktag (30. Mai), um den Mayaluftkorridor zu überfliegen.

Mel begann, sich an der Ostküste nach einem Flugzeug umzusehen, da er aus Virginia stammt, und ich fing an, die Zeiteinteilung für die Verteilung der Literatur zu planen. Da mein Körper infolge der Operation immer noch geschwächt war, begann ich mit einem strengen Vitaminprogramm, mit Reformkost und leichten Übungen. Zwischendurch bündelte ich die Literatur zu Fünf-Pfund-Päckchen zwecks einfacher Handhabung und benutzte Ofelias Spülhandschuhe, um sicheren Halt zu haben.

Dreimal am Tag nahm ich ein fünf Pfund schweres Bündel in jede Hand, um es hundertemal hochzuheben, damit ich bessere Muskeln für den Flug bekäme. Ich würde in der Lage sein müssen, mit dem linken Arm in zwanzig Minuten 17 Schachtelladungen mit fünf Pfund schweren Päckchen hochzuschleudern, nachdem ich bei jedem die Schnur durchgetrennt hatte. Hunderte von Pfunden in perfekter Koordinierung. Nur drei Monate würden zwischen Operationstisch und Überflug liegen, doch ich vertraute auf Gottes Hilfe.

Am Abend, ehe ich Kalifornien verließ, um mich mit Mel an der Ostküste zu treffen, half mir Ofelia beim Laden des Wagens. Dies würde unser längster und gefährlichster Flug sein. Obgleich wir auf Kuba legal registriert waren, würden wir trotzdem in einer einmotorigen Maschine Hunderte von Meilen in der Nacht über Wasser fliegen.

Am Morgen meiner Abreise nach Florida stand ich an Daniels Bett. Er war gerade etwas über ein Jahr alt. Ich legte meine Hand auf das kleine Bündel, das unter der Decke schlief und betete: »Oh Jesus, er gehört dir. Du kümmerst dich um ihn, Herr.« Auf Zehenspitzen ging ich in Dorothys Schlafzimmer und betete für sie, während sie schlief. Ich küsste Ofelia an der Tür; wir unterdrückten beide die Tränen.

»Gott segne dich, Ofelia«, sagte ich ruhig.

»Gott segne dich ebenfalls, mein Schatz«, sagte sie lächelnd.

»Ich werde für dich beten ...«

Ich ließ ihre Hand los und schritt in die Zukunft. Obwohl die Verantwortung für Kuba schwer auf meinem Herzen lastete, fühlte ich die Qual, von Ofelia und den Kindern getrennt zu sein. Wären nicht die Worte Jesu in Matthäus 10, 37-39 gewesen, hätte ich nicht an meiner Entscheidung festgehalten und den letzten Flug angetreten. Jesus sagte:

»Wer Vater oder Mutter mehr liebt als mich, der ist mein nicht wert; und wer Sohn oder Tochter mehr liebt als mich, der ist mein nicht wert. Und wer nicht sein Kreuz auf sich nimmt und folgt mir nach, der ist mein nicht wert. Wer sein Leben findet, der wird's verlieren; und wer sein Leben verliert um meinetwillen, der wird's finden.«

Ich liebe meine Familie sehr. Aber wie konnte ich im Lichte Gottes großer, allesverzehrender Opferliebe Geringeres tun, als Ihn an die erste Stelle zu rücken? Seine Liebe umgab mich und meine Familie; sie trieb und motivierte mich und gab mir Mut, diese Reise zu machen.

Ich war wohl der einzige Fluggast der National Airlines, der 17 zusätzliche Gepäckstücke bei sich hatte. Nachdem ich Mel an jenem Abend in Orlando getroffen hatte, übernachteten wir für eine Nacht bei Ronald und Barbara Stansfield. Nachdem wir die Einzelheiten des Flugs in letzter Minute durchgeprüft hatten, beteten wir und lasen Gottes Wort mit Ronald. Ein Vers lautete: »Keiner Waffe, die gegen dich bereitet wird, soll es gelingen« (Jes. 54, 17). Ein anderer Vers stand in dem Abschnitt vom Propheten Elisa, vor dem die Wasser sich teilten, nachdem er mit seinem Mantel auf das Wasser geschlagen hatte. Die Familie Stansfield ist ein schöner Mittelpunkt des Glaubens und der Macht in Jesus Christus. Ihr Zuhause ist kein Haus, sondern eine Kirche, und das war ein großer Trost für uns.

Glorreich dämmerte der Morgen des 26. Mai. Als Mel und ich in unserer Cherokee Six von der Rollbahn auf dem Internationalen Flughafen Orlando abhoben, war der Himmel klar. Im Geiste wiederholten wir die Worte des Fluglotsen über Funk: »Ein schöner Tag für Bimini! Wünsche einen guten Tag, Eight Zero Juliet.«

Unser Flug würde uns über Bimini führen, einer winzigen Insel auf den Bahamas, und dann nach Nassau, Bahamas, wo wir landen würden, ehe wir zu unserem Instrumentenüberflug Kubas nach Montego Bay, Jamaika, starten könnten.

In Nassau bekamen wir Schlechtwetterbericht. Ein Sturm zog durch das Gebiet, durch das wir fliegen wollten. Die genaue Lage des Übels war nicht bekannt. Er war nicht besonders stark, konnte aber problematisch werden. Mel und ich schauten uns wortlos an, als der Fernschreiber im Hintergrund ratterte. Die Schaubilder und Karten im Wetterraum zeigten eine riskante Situation. Aber wie riskant? Ohne großes Lamento planten wir unseren Flug weiter.

Wenn wir jetzt nicht flögen, würde es Tage dauern, bis wir eine weitere Genehmigung von Kuba erhielten, und weitere Komplikationen könnten entstehen. Unten kaufte sich Mel ein T-Shirt mit dem Werbeslogan: »Es ist besser auf den Bahamas.« Im Vergleich zu dem Gebiet, in das wir flogen, *war* es viel besser auf den Bahamas.

Und wieder waren wir auf Reisen. Es war warm an jenem Abend des 26. Mai, als wir von der Startbahn in Nassau abhoben. Als Mel gleichmäßig auf 3 000 Meter zu klettern begann, hörte ich auf, die 17 Schachteln mit Literatur zu öffnen.

Die Nacht brach herein, als wir uns der kubanischen Küste und unserer schicksalhaften Überquerung des Maya-Luftkorridors näherten ...

Ein fürchterliches Klirren von Stahl riß mich aus meiner unsteten Träumerei. Ich setzte mich auf, als der große Metallriegel zurückglitt und meine Flügeltür, eine starke Metallplatte mit Fensterklappe, aufging. Ich wurde zu einigen kleinen Vernehmungszimmern hinuntergeführt. An jeder Ecke mußte ich anhalten und mich vor die Wand stellen, ohne je das Gesicht eines anderen Gefangenen zu sehen. Meine Begleitwache klopfte an. Ich ging in den kleinen Raum und setzte mich vor einen Schreibtisch. Dahinter saß ein Mann, mit dem ich einige hundert Stunden verbringen würde — Kapitän Antonio Santos Salazar (wahrscheinlich war es nicht sein richtiger Name). In seiner grünen Uniform mit silbernen Sternen sah er sehr befehlsgewohnt aus; er saß lässig mit verschränkten Armen da und schmunzelte beglückt, wie eine Katze, die endlich die Maus gefangen hat. Aufgrund meiner Erschöpfung erinnere ich mich kaum an diese erste Unterredung, außer, daß er schon lange gewartet habe, mich zu fangen. Als ich in die Zelle 44 zurückgebracht wurde, immer noch in einem Zustand gefühlsmäßiger Benommenheit, legte ich mich auf die Pritsche und drehte mich wieder von einer Seite auf die andere und versuchte zu schlafen.

Etwas verfing sich in meinem Haar und kitzelte mich am Kopf. Ich griff nach oben, um die vermeintliche Spinne oder Spinnwebe wegzustreifen; da fühlte ich eine Schnur, die von der Kette herabbaumelte, welche das Bett hielt. Mit einem Ruck setzte ich mich auf, um nachzusehen — und da fand ich in der Dunkelheit einer Zelle ein Kreuz, das aus zwei Mopsträngen gefertigt worden war, welche man zusammengeflochten hatte. Es hing neben einem anderen Mopstrang, der mit einem Menschenhaar umwickelt war.

»Ein Bruder ist hier vor mir dagewesen. Gott sei Lob!« flüsterte ich.

Eine symbolische, aber sehr echte Gemeinschaft in Jesus war jetzt hergestellt. Ich war nicht allein! Gott sorgte sich. Andere waren bereits denselben Weg gegangen, den Er mich jetzt gehen ließ. Das war nicht einfach nur eine Ermutigung oder Stärkung. Es war ein mächtiges, geistliches Band zwischen Gott, mir und diesem anderen Gläubigen. Irgendwann einmal werde ich ihn treffen.

Ein paar Stunden später erwachte ich nach kurzem Schlaf, als eine Scheibe hartes Weißbrot und »Milch« gebracht wurden.

Am Ende erfuhren wir, daß diese Milch in pulverisierter Form aus China kam und mit »Nur zur Tierfütterung« gekennzeichnet ist. Manchmal argwöhnten wir, daß Medikamente hineingemischt worden waren. Als mehr Licht durch das Fenster kam, begann ich mit dem Auskundschaften. Das Fenster bestand aus zwei Schlitzen, die in der Betonwand eingelassen worden waren und es unmöglich machten, hinein- oder hinauszusehen. Ich entdeckte das Wort *Milagro*, was auf Spanisch »Wunder« bedeutet, eingeritzt in Beton über dem tieferen Schlitz. Ich fragte mich, welche Art von Wunder mich von hier befreien könnte, und dankte Gott, daß ich noch immer am Leben war.

Zum ersten Mal bemerkte ich, daß in der Zelle vier Bohlenpritschen standen. In das Holz der Pritsche, die der meinigen gegenüberstand, war *Dios* — für »Gott« — eingeritzt. »Nun ja, Herr«, sagte ich laut, »du machst sicherlich alle Dinge gut.« Ich hatte nicht nur das Mopfaden-Kreuz, das Zeichen Jesu in meiner Zelle, sondern auch Einkerbungen von Gott, dem Vater und dem Heiligen Geist.

Bald nach meiner Entdeckung wurde ich zu einem weiteren Gang zum Verhör abkommandiert. Soviel ich wußte, war Mel völlig verschwunden. Ich betrat erneut Santos' Zimmer. Er rieb sich lächelnd die Hände.

»Nun ja, nun ja, Thomas, ich denke, du weißt, daß deine Mission diesmal mißlungen ist, haha? Jawohl, mißlungen. Letztes Jahr bist du über Matanzas davongekommen, aber jetzt bist du hier.«

»Kapitän, obwohl wir hier abgestürzt sind, ist die Mission nicht mißlungen«, erwiderte ich und blickte ihm fest in die Augen. »Wissen Sie, unsere ganze Literatur ist verteilt worden. Es bekümmert mich wirklich nicht, was Sie mit mir machen . . .werden Sie mich erschießen?«

Er lachte, schüttelte den Kopf und zischte: »Nein.« Er begann mit einer milden Strategie:

»Ihr CIA-Leute redet immer von Giftpillen und solchen Dingen, doch das ist alles bloß Schauspielerei, du nimmst sie nie«, spottete er. »Du sorgst dich zu sehr. Du wirst nicht sterben, und wir werden dich auch nicht erschießen.«

Santos hielt eines unserer Traktate in der Hand. Ich war selig, denn es war eine Evangeliumsbotschaft, eigens für ihn, einen Marxisten, geschrieben.

»Aber du siehst doch wohl ein, daß wir diese ganze Literatur finden werden, nicht wahr?« platzte er ernsthaft heraus. »Warum — unser revolutionäres Volk gibt sie freiwillig bei der Polizei ab. Die Leute finden sie auf Hausdächern, auf der Straße, überall . . .aber wir werden sie ganz und gar bekommen.« (Später erfuhr ich, daß dies eine Lüge war. Die Literatur wurde gut aufgenommen.)

»Selbst wenn Sie alles beschlagnahmen sollten, mit Ausnahme des einen Schriftstücks, das Sie jetzt in der Hand halten, dann ist meine Mission nicht mißlungen«, sagte ich offen zu ihm. »Allein die Tatsache, daß Sie es lesen, ist wichtig für mich. Wenn auch nur Sie allein eines Tages Gott in Ihr Herz kommen lassen, hätte sich meine Reise gelohnt.«

Dies schien ihn zu berühren und verlegen zu machen. Er las es erneut. Dann nannte er, sich hinter einer marxistischen Terminologie versteckend, das Papier ein Stück »Diversantentum«.

»Kapitän, Sie reden vom Frieden, Weltfrieden. Lassen Sie mich eine Frage stellen.«

»Gut!« meinte er schmunzelnd und beugte sich vor in der Hoffnung, mich in ein Gespräch zu verwickeln, um geschickt Informationen aus mir herauszupressen.

»Die Welt ist voll von Nationen, stimmt's?« begann ich. »Diese Nationen haben Bürger, die in Staaten oder Provinzen leben.« Er wölbte seine Augenbrauen zu einem erstaunten Blick und nickte.

»Die Staaten haben Städte. Städte besitzen Straßen, und Familien leben in diesen Straßen. Folglich ist die grundlegende Einheit der Regierung die Familie, ja?«

Er hob protestierend die Hand. »Nein. Der Kommunismus ist nicht familienorientiert, er ist eine Massenbewegung«, schnaubte er. »Kapitän Santos, streiten Sie mit Ihrer Frau?«

Belustigt über diese persönliche Anspielung, lächelte er entspannt und lehnte sich in dem roten Vinylstuhl zurück. »Nun ja, wir haben unsere Meinungsverschiedenheiten, gewiß doch. Jeder hat das.«

»Wie«, so betonte ich, »können Sie dann vom Weltfrieden reden, wenn Sie ihn nicht einmal bei sich zu Hause haben? Er muß in Ihrem Herzen beginnen.«

»Nein, nein!« Er fuhr wütend hoch.

»Jesus kann die Gesellschaft verändern, da Er Liebe und Frieden persönlich in Herzen, Familien, von Haus zu Haus und von Straße zu Straße bringen darf. Er gibt mir großen Frieden, selbst jetzt, da ich hier vor Ihnen sitze.«

Plötzlich schnellte die Tür auf und ein Major stolzierte in das Zimmer. Ohne Rücksicht auf seine geheimsten Gedanken belauschte und überprüfte er stets die Tonbänder von meinen Sitzungen mit Santos. Jede Sitzung wurde aufgezeichnet. Der Major sah mich schief an.

»Hör mit diesem Jesus-Gerede auf. Du bist beim CIA!« schrie er und fuchtelte wild mit beiden Händen.

Ich wollte ihm sagen, daß das Heer, das ich vertreten würde, zahlenmäßig weitaus stärker und unendlich fähiger sei als der CIA. Die Soldaten Jesu benutzten eine weit wirksamere Waffe in dieser Kriegsführung, die nicht aus Fleisch und Blut sei, sondern sich gegen Fürstentümer, Herrschaften und geistliche Schlechtigkeit an hoher Stelle richtet. Diese Waffe sei die mächtige Liebe Gottes. Statt dessen brachte man mich in meine Zelle zurück.

In den ersten Tagen begann mich ein Gefühl völliger Isolation zu übermannen, die Santos zu schaffen versuchte.

»Deine Familie denkt, daß du tot bist«, sagte er oft zu mir.

Das war natürlich eine Lüge, da Mels Ehefrau Mary die Küstenwache in Miami angerufen und erfahren hatte, daß wir unten auf Kuba seien. »Wir können dich hier jahrelang festhalten. Niemand weiß etwas von dir.« Als ich mich auf meine Pritsche legte und dies überdachte, begann eine Woge der Hoffnungslosigkeit in mir hochzusteigen. Da fiel mir ein, daß im Buch der Offenbarung geschrieben steht, daß die Namen derer, die Jesus bezeugt haben, im Buch des Lebens stehen. Mit lauter Stimme erklärte ich: »Mein Name steht im Buch des Lebens!« Ich fühlte, wie sich die Last ein wenig hob. Ohne es zu merken, schwang ich das Schwert des Heiligen Geistes, indem ich das Wort Gottes benutzte, um diese teuflische Verzweiflung niederzuschlagen.

Ich setzte mich zur Hälfte auf der Pritsche auf und wiederholte immer wieder: »Mein Name steht im Buch des Lebens geschrieben.« Ich durchdachte nicht diese geistliche Vorstellung, aber sie wirkte. Diese verbale Erklärung drängte die Dunkelheit zurück, und ich konnte fühlen, wie mich Stärke zu durchfluten begann. Ich sprang von der Pritsche, hob die Hände zu Gott und rief: »Oh, danke, lieber Gott, danke! Sie können tun mit mir, was sie wollen, weil mein Name dort geschrieben steht. Ich weiß, daß mein Name dort steht.«

Vor Freude und Erleichterung kamen mir die Tränen, als Er mir beistand. Der Lobpreis und das Bekenntnis Seines Wortes hatten eine der vielen Ketten gebrochen, mit denen Satan mich hatte fesseln wollen. Die Erkenntnis, daß ich nicht nur im Gefängnis »frei« bleiben konnte, sondern daß ich auch etwas tun konnte, wozu ich zuvor leider selten Zeit gehabt hatte, war ermunternd. Ich konnte lernen, mich an Gott und Seiner Gegenwart zu freuen.

V

Die dritte Pfote der Katze

In jenen ersten erträglichen Tagen des Verhörs begann ich die rund drei Meter lange Zelle auf- und abzugehen. Da ich die Erfahrungen christlicher Freunde kannte, die um Christi willen in den vergangenen zwei Jahren in Rumänien, Bulgarien und Rußland inhaftiert gewesen waren, wußte ich, daß meine Zelle für vier Gefangene ungeheuer groß war. Wenn ich die fünf Schritte ging, pflegte ich die Namen von Gestalten der Bibel zu wiederholen und ihre Geschichte zu erzählen.

»Daniel ... zwei, drei, vier, fünf. Rahab ... zwei, drei, vier, fünf. Sadrach ... zwei, drei, vier, fünf. Paulus ... zwei, drei, vier, fünf.«

Ich dachte an Vasile Rascol, dessen Zelle so klein war, daß er Krampfadern bekam; an Sabine Wurmbrand, die Gras aß und vor Schwäche ohnmächtig wurde, und an ihren Ehemann Richard, der über ein Jahr zum Sterben in einem Raum auf einer Holzpritsche lag.

Jedes Wochenende konnte ich die Gefängniswärter bei ihrem »Gottesdienst« auf dem Hof hören, wie sie politische Parolen sangen. Jeder, der sagt, der Kommunismus sei keine Religion, hat noch nie unter ihm gelebt. Ich bin immer noch erstaunt, daß unsere Bibelschulen und -Seminare lehren, wie man vor Buddhisten und Hindus, nicht aber vor Kommunisten, Zeugnis ablegt, die jetzt eine der größten »Kirchen« darstellen. Ich spreche von einer sorgfältig vorbereiteten Doktrin des atheistischen dialektischen Materialismus, den der Parteiergebene über Frauen, Kinder und sogar sein eigenes Leben stellen muß. Ist das keine »Religion«?

Die Tage vergingen. Santos pflegte immer noch lächelnd zu sagen: »Denke daran, du mußt nicht reden, aber das Licht in deinem Zimmer wird den ganzen Tag und die ganze Nacht brennen. Wie lange willst du warten? Ein Jahr? Nein, es wird nicht so lange dauern. Wir werden eher mit dir fertig sein.«

Als ich an diesem Tag auf meiner Pritsche lag und an seine Worte dachte, hörte ich, wie jemand das *Sternenbanner* pfiff. Ich sprang auf und presste mein Ohr an die Türangel der Stahltür. Vielleicht war es ein Kubaner. Waren weitere Amerikaner hier? Ich pfiff ein paar Takte der Marinehymne und wartete. Ein paar Sekunden später erklang die Fortsetzung durch den Gang! Es waren also mehr von uns hier. Doch die alte Redensweise »zu mehreren ist man sicher« traf nicht zu.

Ich hatte bei Kapitän Santos von internationalen Gesetzen dagegen gesprochen, daß man Menschen ohne Gerichtsverfahren gefangenhielt, aber dieser lachte nur und sagte: »Wir müssen kein internationales Gesetz beachten. Was glaubst du eigentlich, wo du bist? Das hier ist Kuba.«

Später traf ich einen Amerikaner, namens Lester Perry, der zehn Jahre ohne Gerichtsverfahren hier in Haft gewesen war. Als Lester schließlich vor Gericht gestellt wurde, gab man ihm eine zehnjährige Haftstrafe. Als die Kommunisten in der darauffolgenden Woche erfuhren, daß er bereits zehn Jahre abgesessen hatte, gab man ihm ein zusätzliches Jahr.

Etwa gegen Ende meiner ersten Woche versprach der Kapitän mit einem Sinn für Dramatik, mir etwas zu zeigen. Als er am nächsten Morgen mit viel Gehabe einen kleinen braunen Umschlag aus der Tasche zog, grinste er: »Ich habe etwas von dir gefunden. Erinnerst du dich, ich versprach, daß ich eine kleine Überraschung für dich hätte?« Er öffnete langsam den Umschlag und warf das Mopfadenkreuz auf den Schreibtisch. Sodann lehnte er sich mit triumphierendem Lächeln zurück, um meine Reaktion zu beobachten. Ich hatte Mitleid mit ihm. Es war keine Macht in der Mopfaser oder in einer physischen Reliquie. Die Macht ist in Jesus, die durch den Heiligen Geist jeden Tag neu in uns auflebt.

»Dieses Kreuz ist lediglich ein Symbol«, versuchte ich zu erklären. »Es ist nicht bedeutend. Außerdem habe nicht ich es gemacht; ein Bruder in Christo hat es gefertigt. Aber ich habe gestern ein neues gemacht, und es hängt dort, wo Sie dieses hier weggenommen haben.«

Seine Reaktion überraschte mich. Santos schnellte von seinem Stuhl hoch, als ob er ein Schleudersitz wäre, packte mich und stürmte in meine Zelle hinauf. Als er das andere kleine Kreuz fand, riß er es von der Pritsche und schrie: »Die Vereinigten Staaten werden dafür Tausende bezahlen!«

Sein Verstand war in einem Furcht-und-Haß-Getriebe gefangen, welches von Marx und Lenin sorgfältig für ihn programmiert worden war. Marx, die Stimme der Werktätigen (der kaum einen Tag in seinem Leben arbeitete, sondern auf Kosten anderer lebte), hatte die Abschaffung der Religion gefordert, indem er sie als »das Opium des Volkes« bezeichnete. Doch dieser brüllende Kapitän mit seinen glasigen Augen, der vor mir stand und ein kleines Fadenkreuz in seiner Faust zerknüllte, zeigte mir, was ideologisches Opium wirklich war.

Seine Frustration wurde immer offenkundiger. Später sagte ich während unserer Unterhaltung zu ihm, daß Gott für alle unsere Bedürfnisse Sorge trägt und wie ER sogar unter ungewöhnlichen Bedingungen für diejenigen sorgen kann, die Ihn lieben. Ich erwähnte den Propheten Elia, der von einem Raben ernährt wurde. Der Kapitän brummte und sagte nichts. Als er mich an jenem Abend in meine Zelle führte, rief er vor den Wachtposten: »Du bist beim CIA, beim CIA!« Es kam mir so vor, als ob er diese kleine sarkastische Bemerkung eher deswegen machte, um sich selbst Mut zu machen, als um mich einzuschüchtern. Er griff zu meiner Pritsche hinüber und nahm mir das Tablett mit Essen weg.

Am nächsten Morgen beugte er sich auf seinem Stuhl im Vernehmungszimmer vor und spottete: »Nun, haben dich die kleinen Vögelchen letzte Nacht gefüttert?«

»Nein«, antwortete ich ruhig, »aber Gott gab mir eine Speise zum Essen, von der Sie nichts wissen.«

Das verblüffte ihn und er tat, als ob ich verrückt sei. Ich erzählte ihm von dem Festmahl der Liebe und Freude, das der Herr mir in mein Zimmer gebracht hatte. Ich glaube, er war tatsächlich enttäuscht, daß kein »Wunder« stattgefunden hatte. Er war wie ein bekümmerter, hungriger Herodes. Nach einer Woche hatte er unsere geistlichen Gespräche satt, die er als ein ideologisches Karussel betrachtete, und begann mit wachsender Ungeduld zu versuchen, mit dem Programm voranzukommen.

»Wußtest du, daß dein Gesicht gelb wird?« pflegte er zu spotten. Mit besorgter Miene betrachtete er mein Gesicht und sprach von Krebs, der, wie er sagte, wieder wachse. Ich besaß keinen Spiegel.

»Sehen Sie, Kapitän, ich habe wohl mehr Psychologiekurse besucht als Sie. Sie können mich nicht mit diesem Krebsgerede reinlegen«, sagte ich geringschätzig.

Da warf er seine Arme zurück, erhob sich und stolzierte auf mich zu. Da sein Ego schwer beleidigt worden war, tobte er wegen meiner weißen Haut, wie überlegen ich mich ihm gegenüber fühlte und beschuldigte mich des Fanatismus.

»Das ist lächerlich! Meine Frau stammt aus Costa Rica und meine Zimmergenossen vom College waren Afrikaner«, konterte ich vergeblich. Er benutzte eine andere Haß- und Spaltungstechnik — die Rassenzugehörigkeit. Er betätigte einen weißen Knopf neben seinem Schreibtisch, und die Tür in der Rückwand sprang auf. Der kleine muskulöse Major trat ein und begann, mit der Faust auf den Schreibtisch mit Marmorplatte zu hämmern.

»So kannst du doch nicht reden ... dieser Jesus Christus ... diese ganze Religion ...« schrie er. »Wo glaubst du eigentlich, daß du bist? Du meinst, dies sei die gewöhnliche Polizei, haha? Das ist die G-2. G-2!«

Er hielt inne, um sich den Speichel von den Lippen zu wischen. Er zog einen Gegenstand aus der Tasche und warf ihn auf den Schreibtisch. Ich starrte ihn verwundert an. Es war ein Seepäckchen von der Art, wie ich sie 1973 abgeworfen hatte.

»Tausende davon sind an unsere Strände gespült worden«, rief der Major. »Warum ist die Literatur in diesem

Päckchen dieselbe, wie du sie vom Flugzeug abgeworfen hast?«

Es war mir nicht lästig, ihm zu antworten. Was konnte ich sagen? Fasziniert von diesem sieben Jahre alten Bindeglied, griff ich nach dem Päckchen, nahm es hoch und berührte ein paar weiße Sandkörner an der Außenseite. Er brüllte weiter und versuchte mich einzuschüchtern, indem er mir zeigte, wieviel sie wüßten. Ich hörte nichts. Innerlich frohlockte ich. Es hatte sieben Jahre gedauert, bis ich es erfuhr, aber jetzt wußte ich es!

Der wütende Major Alvarez fuhr fort, mir Informationen zu geben. Viele Menschen hatten die Literatur in die Hand bekommen. Die Polizei hatte ebenfalls Schriftstücke gefunden. *Wunderbar. Auch sie las diese.* Obwohl es ungewiß war, ob ich jemals meine Lieben wiedersehen würde, war ich zufrieden, zu wissen, daß das Brot, Gottes Brot, über das Wasser zu mir zurückgekommen war.

Der Major war mit seinen Ausführungen noch nicht fertig. Als er den Ausdruck von Freude auf meinem Gesicht sah, öffnete er die Hintertür und gab mit dem Finger ein Zeichen. »Möchtest du Baseball spielen? Ich habe im Zimmer nebenan einen Schläger und ein paar Handschuhe. Los. Wir wollen spielen.«

Er atmete schwer und seine Augen waren blutunterlaufen.

Das Baseballspiel, auf das er anspielte, war gerade kein Spiel. Ich schüttelte den Kopf. Als ich mit dem Kapitän Santos wieder auf dem Weg zu meiner Zelle war, prasselten dieselben Anschuldigungen auf mich herab.

»Du bist ein Spion. CIA. Rede endlich oder vergiß, daß du deine Familie wiedersiehst«, zankte er.

Und doch — die Kleinigkeiten wurden von Gott benutzt, um mir Kraft zu geben. Vielleicht ist dies die Methode für jene wenigen Glücklichen, die es lernen, innerlich ruhig zu sein und ihre Umgebung zu beachten. Ich mußte vieles lernen. Ich konnte die Vögel singen hören. Welch eine Musik! Ich dachte daran, daß mich der Gott, der auch Spatzen beachtet, beobachtet. Einmal entdeckte ich eine kleine weiße Muschel, eingebettet in der roséfarbenen Marmorplatte auf dem Schreibtisch des Vernehmungsbeamten. Zwei oder drei Tage lang saß ich schweigend vor Santos und beschäftigte mich mit der Muschel, während er gewissenhaft durch seinen ideologischen Rosengarten ging, der mit Spott und Drohungen bepflanzt war. Gottes meisterhafte Baukunst war unfaßbar und faszinierend. Wie glücklich mußte Er gewesen sein, als er dieses Kunstwerk schuf!

Als der Kapitän eines Nachmittags bemerkte, daß ich ihm nicht aufmerksam zuhörte, hielt er mit seinen Zaubersprüchen inne und fragte: »Was schaust du an?«

»Die Muschel.«

Der Kapitän beugte sich vor, um sie zu sehen und hob sodann die Augenbrauen, als wolle er sagen: »So etwas?« Ich saß vorschriftsmäßig mit verschränkten Armen auf dem Rand des harten Holzstuhls und sprach sanft zu ihm.

»Wissen Sie, ich bin so überrascht von so etwas Schönem. Die spiralenförmigen Windungen innen sind so vollkommen. Welch ein unübertroffenes Kunstwerk! Gott ist schon immer ein feinfühliger Baumeister gewesen.«

Der Kapitän brummte nur und schnitt Grimassen zu der kleinen Predigt.

»Vielleicht«, so fuhr ich fort, »hat Gott größeres Verständnis und Liebe für Schönheit als wir. Möglicherweise kann Er diese Schönheit auch in uns pflanzen.«

Santos zuckte mit den Schultern und tat unbeeindruckt.

Bei meiner Vernehmung am nächsten Tag hatte der Kapitän einen anderen Schreibtisch. Die Muschel war zwar weg, aber der Schöpfer der Muschel war immer noch da. Obwohl ich weder ein glänzender ideologischer Redner noch Experte darin war, wie man einem Atheisten Theologie auseinandersetzt, erkannte ich, daß mich der Heilige Geist zeitweilig auf einfache Art zu Seiner Verherrlichung gebrauchen konnte.

Der Kapitän benutzte seine Art von Logik, Wissenschaft, Psychologie und Materialismus, ich aber versenkte mich in den Schöpfer des Universums. Meine Antworten waren nicht gerade glänzend, aber sie wurden mit Liebe von meinem Herzen gegeben. Antonio Santos schien schwächer zu werden.

Er versuchte es mit einer neuen Methode. In den darauffolgenden Tagen begann Santos die Namen meiner Kinder zu nennen, um mich zu quälen. Ich hatte ihm nie ihre Namen gesagt, aber offensichtlich war nach meiner Familie in den Vereinigten Staaten nachgeforscht worden.

»So, wie geht es Daniel heute? Wie geht es Dorothy?« pflegte Santos grinsend zu fragen und sich auf seinem Stuhl zurückzulehnen, die Hände hinter dem Kopf verschränkt. Er mußte den Schmerz gesehen haben, der sich in meinem Gesicht widerspiegelte. Sein neuer Pfeil durchbohrte direkt mein Herz.

»Meine Kinder sind in Gottes Hand.« Meine Stimme brach fast.

»Ich werde sie eines Tages im Himmel sehen.«

»Aber du«, betonte Santos nachdrücklich, »bist in unserer Hand. Du wirst sie nicht wiedersehen. Was wird in vielen Jahren aus ihnen werden? Wenn sie allein, ohne ihren Vater aufwachsen?« Er machte eine Pause und beobachtete, wie die Messer trafen. »Meinst du nicht, daß sie dich vermissen könnten?«

Ich kann den Schmerz nicht beschreiben. Ich mag nicht daran denken. Es war der schlimmste Tag in meinem Leben.

Ich habe gehört, daß in anderen kommunistischen Gefängnissen, beispielsweise in Rumänien, Kinder in die Nebenzelle eines Gefangenen gebracht und geschlagen wurden, bis sie weinten und schrien. Dem verzweifelten Häftling wird gesagt, daß es seine Kinder seien. Nachdem ich beobachtet hatte, wie brutal und bissig Santos diese Namen gebrauchte, weiß ich, daß dies möglich wäre.

Major Alvarez kam wieder herein. Die Bediensteten wurden offenbar von höherer Stelle unter Druck gesetzt, das Vernehmungsverfahren zu beschleunigen. Ich wußte noch immer nicht, ob unseren Familien bekannt war, daß wir noch am Leben waren. Der Major befahl mir erneut schreiend, mit diesem ganzen »Jesus-Geschwätz« aufzuhören und mit meinem CIA-Geständnis zu beginnen. In seiner Wut gab er mir jedoch indirekt weitere Informationen. »Glaubst du, das ist China?

Meinst du, wir könnten die ganze Stadt Manzanillo gefangennehmen und einsperren?«

Ich mußte innerlich lachen, als ich begriff, daß die Bewohner von Manzanillo von dem »großen Aufprall auf der Hauptstraße« gesprochen hatten, den wir in ihrer Stadt um 1 Uhr 20 früh gemacht hatten. Es war wohl die größte Aufregung, die sie seit Jahren erlebt hatten. Ich hoffte, daß wir nicht lange unerkannt bleiben und unsere Familien von unserem Aufenthaltsort erfahren würden. Einmal kam ein schwarzer Geheimpolizist, von dem behauptet wurde, daß er der Vorgesetzte sei, mit dem Major in das Vernehmungszimmer. Er blies mir Zigarrenrauch ins Gesicht und sah mich an.

»Wir haben es satt, mit dir zu spielen«, warnte er kalt. »Du denkst, deine Religion sei stark, aber das ist sie nicht. Unsere Religion ist dreimal stärker als die deine.«

Nach einer weiteren Runde nutzloser Fragen gingen sie verärgert hinaus. Wieder allein mit mir, schien sich das Verhalten des Kapitäns zu ändern.

»Hast du jemals schon in der Kälte gelebt?« erkundigte er sich höflich.

»Ja«, antwortete ich aufgrund dieser abrupten Veränderung mißtrauisch.

»Magst du Schnee?«

»Es kann Spaß machen.«

»In welcher Art von Klima hast du gelebt?« drängte er.

»In den letzten acht bis zehn Jahren habe ich in den warmen Regionen der Erde gewohnt.«

Er lächelte und befahl dem Wachtposten, mich zur Zelle 44 zurückzubegleiten. Diesmal war meine Pritsche an die Wand gekettet worden. Auf dem Fußboden liegend, sang ich ein Loblied, während mein Kopf auf meinen Schuhen ruhte.

»Hör auf zu singen!« rief der Wärter draußen vor der Zelle. Ich begann zu summen.

»Hör auch damit auf!«

Ich pfiff »Ein feste Burg ist unser Gott . . .«

»Wenn das ein Kirchenlied ist, darfst du auch das nicht pfeifen«, wütete er.

Meine Häscher wandten mehr Druck an. Gegen Mitternacht wurde meine Tür geöffnet und fünf große Männer traten ein. Einer von ihnen stülpte mir gewaltsam eine dicke schwarze Kapuze über den Kopf und knotete sie am Hals zusammen. Sollte ich geschlagen werden? Entsetzt warf ich die Arme an die Brust und schrie: »Ich werde reden, ich werde reden!«

Ich wurde aus dem Gebäude geführt und in einem Auto auf den Boden geworfen. Zwei oder drei der Männer saßen auf dem Rücksitz und drückten mich mit ihren Füßen auf den Boden. Die Handschellen schnitten mir ins Handgelenk. Das Auto fuhr immer um das Gelände herum. Der Fahrer blieb mit dem Fuß häufig auf dem Kupplungspedal und ließ den Motor wieder kommen, um bei mir den Eindruck zu erwecken, daß wir zu einem anderen Gefängnis fahren würden. Monate später sollte ich, indem ich auf die Geräusche vor meinem Fenster lauschte, erfahren, daß ich in Wirklichkeit in dasselbe Gebäude zurückgebracht worden war. Dieses Mal nahmen mich die Wachtposten in eine geschlossene Abteilung auf dem ersten Stock, wo die Polizei ihre raffinierteren Methoden anwendet.

Zuerst befürchtete ich, ersticken zu müssen, da die Kapuze luftundurchlässig zu sein schien. Der Strick oder die Schnur war straff um meinen Nacken geschlungen. Das Auto hielt an und man ließ mich durchs Gras zu einem anderen Eingang springen und kriechen.

Ich hörte, wie sich eine große Stahltür quietschend öffnete, als mich die Männer mit hineinnahmen.

Das erste, was ich in diesem Gebäudeteil mitbekam, war ein ohrenbetäubender heulender Lärm. Ich duckte mich und schlich etwas weiter, als mich die Männer in eine andere Zelle trieben. Sie rissen mir die Kapuze herunter und ließen mich stehend in dem pechschwarzen kalten Raum zurück. Überaus erleichtert, daß ich nicht geschlagen wurde, stand ich verwirrt da und versuchte vergeblich, etwas zu sehen. Als sich meine Erregtheit und mein Temperament ein wenig abgekühlt hatten, fühlte ich, wie Kälte über der Tür hereinflutete. Ich stolperte hinüber, streckte die Hand hinauf und spürte, wie Luft aus einer rund ein Meter langen und 15 Zentimeter hohen Lüftungsklappe strömte. Sie war zur Hälfte mit hineingestopften Lumpen geschlossen. Mein dünner, ärmelloser Arbeitsanzug nutzte in diesem Fall nicht viel. Die Arme reibend, erforschte ich die Zelle und fand ein Bett mit abgebrochenen Sprungfedern und einer stinkenden Matratze sowie einen alten Holzstuhl, der an den Fußboden genagelt war.

»Das ist ja gar nicht schlecht«, murmelte ich. »Zumindest bin ich immer noch ganz.«

Ich fragte mich, warum man keine Narben auf meinem Körper haben wollte. Möglicherweise haben sie besondere Gründe für alles, was sie tun.

Ich legte mich hin, aber schlafen war in dieser Kälte unmöglich. Manchmal habe ich bei der Beschreibung dieser Räume die Worte »Kühlraum« und »Klimaanlage« verwendet. Da ich meine physische Schwäche und den Mangel an Schlaf kannte, war ich erstaunt, wie lange ich in diesen Räumen am Leben bleiben konnte. Das Kostbarste, was ich benötigte und nicht hatte, war Schlaf. Zur selben Zeit betete meine Mutter in Texas, daß Gott mir Schlaf schenken möge. Wie immer kennt der Heilige Geist unsere tiefsten Nöte. An jenem Tag, es war der 7. Juni 1979, machte Ofelia eine bedeutsame Eintragung in ihr Tagebuch. Der Herr hatte auch zu ihr gesprochen.

»Heute finde ich nicht genug schöne Worte, um dem Herrn für Seine Güte gegenüber meinem Mann zu danken. In diesen Augenblicken zeigt mir der Herr Seine Macht, und ich weiß, daß Er meinem Mann in einer Prüfung beisteht, die er jetzt durchmacht. Halleluja und Lobpreis sei Gott, denn ich weiß, daß Er mir meinen Mann heil und unversehrt zurückbringen wird, und der Ruhm wird dem Herrn zuteil. Gepriesen sei der Name des Herrn!

Ich kann nicht glauben, daß es wahr ist, aber es ist Wirklichkeit, daß Gott in jedem von uns so wirkt, daß wir fast zerbersten voller Freude unter jeglichen Umständen. Halleluja!«

Immer wieder kam Ofelias Glaube über das Meer zu meiner Notlage. Immer wieder zerrte man mich zum Verhör, ließ mich kriechen und hüpfen — stets mit der Kapuze über dem Kopf. Zielbewußt stellte ich mir die große Hand Gottes vor, eine Hand des Lichts. Ich sah mich mitten auf dieser schützenden und erhebenden Hand stehen. Da erinnerte ich mich an das sichere Versprechen in Johannes 10, 28: »Und ich gebe ihnen das ewige Leben, und sie werden nimmermehr umkommen, und niemand wird sie aus meiner Hand reißen.« Ich war in Gottes liebender Hand, ganz gleich, was sie mir antaten.

Ich flüsterte dieses Versprechen, als man mich ins Pissoir stellte, und als ich über einem angeblichen Abgrund aufgehängt wurde.

Der Kapitän pflegte zu lächeln, wenn mir die Kapuze abgenommen wurde, und er in dem kleinen Raum, der auch etwas kalt war, hinter seinem Schreibtisch saß.

»Es ist bestimmt warm heute, nicht wahr?« spottete er, indem er sein Militärjackett auszog, um mit der Fragerunde zu beginnen.

»Für wen arbeitest du?«

»Ich arbeite für Jesus.«

»Oh, stimmt das? Und wieviel hat dir dieser Jesus für diese Reisen gezahlt?«

»Ich habe diese Reisen unentgeltlich gemacht. Mein Lohn ist die Liebe und Gnade, die Gott mir dafür gibt, daß ich Ihm gehorche.«

Die meisten seiner Fragen drehten sich um Geld, den CIA und Revolution. Das waren die einzigen Machtbegriffe, die er zu verstehen schien. Nach etwa drei oder vier Tagen in der Kälte und mit wenig Schlaf begann ich eine Art von Macht anzuwenden, die neu und verunsichernd für ihn war. Ich war jetzt zu erschöpft, um seinen Gedankengängen zu folgen. Ich saß mit hängendem Kopf und mit umherschweifenden Gedanken vor ihm.

Wie kann ich dagegen ankämpfen? Dies konnte ewig weitergehen. Der Heilige Geist gab mir ein gewisses Mitleid und Erbarmen mit ihm, diesem Mann, der mehr im Gefängnis war als ich. Ich antwortete nicht mehr auf seine Fragen und blickte ihm direkt in die Augen. *O Gott, hilf Antonio. Brich hindurch, Jesus. Er ist derjenige, der in der Kälte ist, denn er hat noch nie die Wärme Deiner Liebe gespürt.*

So betete ich stundenlang vor ihm weiter. Seine Fragen kamen immer weniger häufig, bis er schließlich damit aufhörte.

»Was machst du?« fragte er.

»Ich bete für Sie.«

Er sperrte seinen Mund auf. Mit einer Hand fuhr er sich durchs Haar und kramte dann nach einer Zigarette. Dies war das erste Mal, daß ich ihn rauchen sah. Ich saß weiterhin unbeweglich vor ihm, wie er es verlangte, blickte ihn an und betete.

Nervös sah er sich im Zimmer um und begann dann, mit den Fingern auf den Schreibtisch zu trommeln. Bei der nächsten Sitzung war ich erstaunt, ihn mit Sonnenbrille zu sehen. Offenbar wollte er nicht, daß ich seine Augen sah. Gott braucht keinen Blickkontakt. Er beschäftigt sich mit dem Herzen. Ich fuhr fort zu beten.

Santos schickte nach Alvarez. Der Major war stets seine letzte Rettung. Dieser stürmte ins Zimmer — mit rotem Gesicht und wütend wie immer.

»So, du glaubst, dies sei ein Spiel?« schrie er und schlug nachdrücklich auf den Schreibtisch. »Jetzt werden wir dir die dritte Pfote der Katze zeigen!« Zeitweilig konnte ich Männer schreien und gegen die Stahltüren pochen hören. Wegen des furchtbaren Lärms, den das Gebläse und der Kompressor machten, die diese Gebäudeeinheit kühlten, war es schwierig, die meisten Laute zu hören.

Man warf mich in einen anderen Raum. Die Kapuze

wurde abgenommen und in Sekundenschnelle schlug die schwere Tür zu — eine perfekt koordinierte Handlung, bei der ich mir sicher bin, daß sie in vorangegangenen Jahren tausendemal vollzogen worden war. Zunächst war ich wegen meiner neuen Umgebung beunruhigt, beruhigte mich aber, da ich dachte, daß ich wieder im selben Raum sei. Als ich in der Dunkelheit die Wand entlangging, entdeckte ich, daß es hier kein Bett und keinen Stuhl gab. In den ersten Augenblicken, als mein Körper von der Anspannung im Saal abkühlte, bemerkte ich einen weiteren Unterschied. Die Gebläseklappe über der Tür war ganz geöffnet. Die Kaltluft strömte so stark herein, daß mir die Haare zu Berge standen. Ich versuchte in der pechschwarzen Dunkelheit umherzugehen, um mich warm zu halten, indem ich die Hand ausstreckte, damit ich nicht gegen die Wand stieß. Doch die Wand war zu kalt zum Anfassen. Ich kauerte mich in die Ecke des Raumes.

»O Gott, hilf mir!« rief ich verzweifelt. Er würde helfen, nur nicht so, wie ich es wollte. Ich steckte die Arbeitshose in die Socken, damit die Luft nicht durch meine Hose blasen sollte, und steckte dann die Arme in das ärmellose Oberteil. Ich zog das Oberteil bis über die Nase, so daß ich meinen Körper mit meinem warmen Atem wärmen konnte. Dies brachte mir eine Zeitlang Erleichterung, doch dann ließen mich Erschöpfung und langsamer, aber stetiger Verlust der Körperwärme schütteln. Ich konnte es nicht ertragen, auf dem Boden zu sitzen oder an die Wand zu lehnen. Die einzige bequemere Stellung war, so zu stehen, daß ich nur mit der Stirn die Wand berührte.

Stunden vergingen, und meine Füße und Beine wurden gefühllos. Als meine Füße anschwollen, versuchte ich, halb geduckt zu sitzen, wobei mein Rücken leicht die Wand berührte.

Ein weiterer Tag verging. Mel litt auf dem obersten Stock unter der Hitze. Blasen und Hautausschlag, verschlimmert durch sein Schwitzen, bedeckten seinen Korper. Ich war mit Schmutz und Urin behaftet und verlor infolge Kälte und Schlafmangel rasch an Gewicht. Ich hatte neun Tage keinen Stuhlgang mehr gehabt. Eine innere Stimme sagte immer wieder: »Los, gib auf, es wird so einfach sein. Du brauchst lediglich deine ganze Kleidung abzulegen und dich mitten auf dem Fußboden hinzulegen. Es wird nur ein paar Minuten dauern. Und der Schlaf wird so schön sein! Du wirst bei Gott sein. Los.«

Immer wieder kamen mir die Gedanken.

»O Gott, komm und nimm mich zu dir«, jammerte ich. »Ich möchte sterben. Ich möchte sterben. Ich will bei dir sein, Jesus.«

Mein Geist ruhte noch immer in Ihm, aber mein Körper und meine Seele quälten sich. Ich betete, daß die Kompressoranlage und das Gebläse ausfallen möge.

Ich dachte an das CIA-Geständnis, das sie haben wollten. *Es sind ja bloß Worte. Gut, wenn mich das aus dieser kalten Hölle herausholen kann, dann werde ich ihnen einen Streich spielen.*

»Ich möchte den Kapitän sprechen. Ich bin bereit, zu reden«, rief ich und hämmerte gegen die Stahltür. Der Wärter eilte davon; eine ganze lange Stunde später wurden mir die Augen verbunden und man brachte mich wieder in das Vernehmungszimmer. Santos sah zufrieden aus; mit bereit gelegtem gelbem Papier und schreibbereiter Feder saß er aufrecht an seinem Schreibtisch. Es muß spät in der Nacht gewesen sein, da er so aussah, als ob er bereits im Bett gewesen wäre.

»Wollen Sie ein CIA-Geständnis?« fragte ich mit gespielter Besonnenheit. »Sicher korrespondiere ich mit dem CIA.«

»Du willst damit sagen, daß du direkt von ihm Post bekommst?«

»Ja, ich bekomme einmal im Jahr mit der Post einen Scheck über drei Millionen Dollar.«

Ich rieb mir die Hände, um mich ein wenig aufzuwärmen, da ich wußte, daß der Scherz nicht lange dauern würde.

»Wie sieht der Umschlag aus? Steht eine Adresse darauf?«

Santos begann unglücklich dreinzuschauen.

»Ich erinnere mich nicht an die Adresse«, zuckte ich reichlich aufrichtig mit den Schultern. »In der Ecke steht lediglich ›Central Intelligence Agency‹.«

Meinen Schwindel plötzlich durchschauend, schleuderte er wütend seine Feder zu Boden. »Hast du mich aus dem Bett geholt, um mir dies zu sagen?«

»Sie wollten ein CIA-Geständnis haben, und so gab ich Ihnen eines«, grinste ich.

Er drückte einen Knopf, und dieses Mal half er dem Wachtposten, mir die Kapuze aufzusetzen. — Zurück in den tiefen Frost. Als die Zellentür zuschlug, stöhnte ich: »Nein, nein, nein« und kehrte in meine tropische Ecke zurück, die vielleicht um ein Grad wärmer war.

Ich weiß nicht, warum ich ans Singen dachte. Aber Gottes Hand war lenkend und belehrend. Als die Grade der Bestrafung härter wurden, steigerte sich auch die

Intensität der geistlichen Kriegsführung. Satan versuchte verstärkt, mich hinabzuzerren, doch Gott zog mich geduldig hinauf. In Psalm 3, 4 heißt es: »Er ist meine Ehre und hebt mein Haupt empor«. Gott war gütig, barmherzig und liebreich und verlangte nur nach einer Möglichkeit, sich mir unter Beweis zu stellen.

Wieder begann ich jene große Hymne zu singen: »Ein feste Burg ist unser Gott.« Ich sang »Jesus liebt mich«, biblische Chorgesänge und jedes christliche Lied, das mir gerade einfiel. Ich war mir nicht mehr der Kälte bewußt — nur noch Jesu Anwesenheit. Mit geschlossenen Augen, mit dem Kopf kaum die Wand berührend, pfiff und sang ich, ja ahmte sogar eine Trompete nach, dem Herrn Lobgesänge schmetternd.

Obwohl ich die vielen Schriften nicht gelesen hatte, die dies fördern, hatte ich die höchste Stufe der Kriegsführung gegen den Feind erreicht — Lobpreis. In Psalm 22, 4 heißt es, daß Gott unserem Lobpreis beiwohnt. Ich weiß nicht, wie das bewerkstelligt wird, aber es ist wahr. Der mächtige Retter, der Messias, der Erlöser war bei mir. Er hielt meinen zitternden Körper in Seinen Armen. Ich war bei Jesus, ganz gleich was geschah.

Hypothermie, das allmähliche Sinken der Körpertemperatur, bewirkt unter anderem Verworrenheit. Die Bibel sagt, daß Gott nicht der Urheber der Verwirrtheit ist — »Gott hat uns nicht gegeben den Geist der Furcht, sondern der Kraft und der Liebe und der Zucht« (2. Tim. 1, 7). Der Heilige Geist in mir zog für mich in den Krieg. Der Helm der Erlösung schützte meinen Verstand.

Ein Wachtposten öffnete die Stahlklappe in meiner Tür und spähte neugierig herein.

»Was machst du?« fragte er.

»Ich singe von Jesus.«

»Warum?«

»Weil ich ihn liebe«, antwortete ich glücklich.

Er schlug die Klappe zu und ging weg. Ich sang weiter.

Ein paar Minuten später kam er zurück und öffnete die Klappe wieder.

»Wenn du Jesus liebst, dann sing nicht«, befahl er und ging dann wieder, ehe ich antworten konnte. Er tat mir so leid mit seiner gequälten, betrübten Antwort.

Er holte den Major zu meiner Zelle. Alvarez hörte eine Weile zu und sprach dann in ominösem Tonfall: »Denke, Thomas, denke!«

Ich schenkte seiner Warnung keine Beachtung. Ich erfreute mich an Engelstönen. Seine Töne klangen barsch und leer wie das Raspeln von Muskatnuß. Er stürmte davon. In Zeitabständen, die ich für drei oder vier Stunden hielt, pflegte die Klappe geöffnet zu werden und ein Scheinwerferstrahl wand sich auf der Suche nach mir über den Fußboden. Nach vielleicht zwei Tagen und Nächten holte man mich schließlich heraus und brachte mich in meine frühere Zelle, die mir, obwohl sie kalt war, im Vergleich dazu warm erschien. Überzeugt, daß ich kein Superagent sei, der versuche, ihr Land umzustürzen, führte mich die Polizei wieder die Behandlungsleiter hinauf.

Ich verbrachte eine weitere Woche in dieser Zelle, während der sie mich bezüglich meiner Aktionen über Kuba in den letzten sieben Jahren verhörten. Da ich die Strategie und Durchführung dieser Reisen geplant und die Arbeit auf einen extrem kleinen Kreis christlicher Freunde begrenzt hatte, gab es für sie nicht viel zu erfahren. Sie sondierten weiter nach einflußreichen Regierungsverbindungen und schlechten Motiven. Jede Andeutung und jedes Gefühl von Aggression und Furcht schien sie zu motivieren. Dies bot weitere Gelegenheit, den schlichten, klaren und lauteren Leib Christi zu bezeugen, der weltweit wirkt, um den großen Auftrag zu erfüllen. Kann die Liebe und Hoffnung Jesu vermengt werden mit einer Verurteilung des Marxismus-Leninismus? In der Apostelgeschichte 19, 26 verurteilte Paulus die Anbetung der Göttin Diana. Er behauptete, sie sei keine Göttin, da sie von Menschenhand gemacht worden sei. Er predigte Christus als die einzige Alternative.

Der Kommunismus ist auch Materialismus, eine Verehrung von Dingen, die von Menschenhand gemacht worden sind. Ehe der Marxist nicht vom Geist Gottes geweckt wird, seine Lage zu erkennen und nach dem lebendigen Wasser zu dürsten, wird er die Kirche als eine »unterdrückende« Institution hassen. Es gab ein Evangelium für die Griechen, ein Evangelium für die Römer und ein Evangelium für die Juden. Jedes war eine Frohbotschaft, es war alles derselbe Jesus Christus. Aber jedes war so zugeschnitten, daß es zu dem Haß oder Hunger der jeweiligen Gruppe paßte. Aus diesem Grund vertrat ich die Sache Christi.

Während der Zeit, die ich in dieser »wärmeren« kalten Zelle verbrachte, besuchte ich im Gebet alle Kirchen, die ich einmal aufgesucht hatte. Ich begann mit Baton Rouge, Louisiana, meinem Geburtsort. Ich reiste nach Texas, Oklahoma, South Carolina, Grand Cayman, Costa Rica, Indiana und Kalifornien. Ich saß bei den Gläubigen und sang zusammen mit ihnen Lobgesänge. Ich betete für sie und ihre Pfarrer. Ich betete für meine Eltern und meine Familie in Amerika, für die Kinder und Ofelia und ihre Familie auf Costa Rica. Ich ging die fünf Schritte zu jeder Wand, indem ich die Hände ausgestreckt hielt, um nicht anzustoßen. Ich brauchte zehn Runden für jeden Namen, den ich Gott zuflüsterte. Als einmal ein Wachtposten die Tür öffnete, sah ich die saubere Spur, die ich auf dem schmutzigen Boden hinterlassen hatte.

Schließlich nahm man mich im Auto mit auf die Rückreise; dieses Mal lag ich allerdings auf dem Sitz anstatt auf dem Boden. Als sie mich auf den Rücksitz hinunterließen, schlug ich mit dem Kopf gegen das Türeck. Nachdem man mir im Gebäude die Kapuze abgenommen hatte, untersuchten zwei Männer sorgfältig meine Stirn nach einem blauen Fleck. Da ich bisher keine humanitäre Behandlung erhalten hatte, war ich von ihrer eingehenden Untersuchung überrascht. Bald erfuhr ich den Grund dafür.

VI

Als Tourist in Havanna

»Wir wollen, daß du dich mit unseren Reportern unterhältst«, kündigte Kapitän Santos an. »Weißt du, wir wollen keinen Amerikaner zwanzig Jahre hierbehalten. Aber zuerst mußt du mit unseren Reportern reden.«

Ich verstand den nicht gerade dezenten Hinweis vollkommen.

Meine Haut war blaß. Er beschloß, mich für die Pressekonferenz herzurichten. Ich wurde rasiert und man gab mir Zahnbürste, Seife und Handtuch. Am nächsten Tag bedeutete mir der Wärter, ich solle ihm folgen.

»Komm, geh hinauf und leg dich ein wenig an die Sonne«, lockte er. Sonne? Seit rund einem Monat hatte ich keine Sonne und keinen Himmel mehr gesehen. Ich folgte ihm durch einen schmalen Korridor auf ein mit Tonfliesen geplätteltes Dach. Eine Betonwand von ca. drei auf vier Meter mit darauf befestigten Eisenstangen war mein Käfig, in dem ich Sonne abbekommen würde, ob ich wollte oder nicht. (Ich erfuhr später, daß Mel ebenfalls die schnelle Röstkur verabreicht wurde.) Der Wachtposten schloß die Tür; ich schaute blinzelnd zum Himmel hinauf, bis sich meine Augen an das Licht gewöhnt hatten. In etwa 2 Meter Entfernung entdeckte ich mehrere rote Inschriften auf der Mauer. Ohne meine Brille sah ich noch immer schlecht, aber diese Buchstaben waren über dreißig Zentimeter groß. Ich las die spanischen Sätze: *Mi rey es Cristo.* Ich lachte vor Freude — selbst jetzt noch, da ich es zu Papier bringe.

Mein König ist Christus! Ein anderer Gläubiger, der vor mir auf dem Dach gewesen war, hatte dies mit einem Stück Ziegel auf die grüne Betonmauer gekritzelt. »Preis dem Herrn!« rief ich und hob zum Herrn anbetend und freudig die Hände zum Himmel. Der Wärter hatte mich aufgefordert, wegen ein wenig Sonnenbestrahlung hinaufzukommen, wieder eine Gelegenheit, mich an obiger Mauerinschrift zu erfreuen. Ich hatte noch immer Gemeinschaft mit der Kirche, der allumfassenden, unbesiegten, liebenden Kirche Gottes. Ich kann die Freude und die Tränen dieses Augenblicks nicht mit Worten beschreiben.

Ich fand weitere Botschaften an den Wänden. *Sin Cristo no podemos ser nada* (ohne Christus können wir nichts ausrichten). *Viva Dios* (lang lebe oder hurra für Gott!) und *Jesus es la unica solsucion, habla de el con tu corazon* (Jesus ist die einzige Lösung; sprich zu Ihm mit deinem Herzen). Es war der reinste Himmel. Ich befaßte mich mit diesen Wänden, wie es Gelehrte mit den Schriftrollen vom Toten Meer gemacht haben mußten. Hier waren von der lebendigen Kirche Botschaften der Liebe und Stärkung für mich.

Auf dem Rückweg zu meiner Zelle freute ich mich über die Tatsache, daß Gott noch immer auf wundersame Weise geistliche Vitamine spendete. Bei den künftigen Ausflügen auf das Dach hob ich, wenn ich bemerkte, daß der Regen im Begriff war, seine roten Ziegelsteinbotschaften wegzuwaschen, ein Stück Ziegel vom Boden auf und zog die Buchstaben nach. Ich pflegte eigene Botschaften hinzuzufügen, wie beispielsweise *Dios es amor* (Gott ist Liebe). In einer so kranken und hungernden Umgebung waren diese einfachen

Wahrheiten wirksame Medizin. Dies war genügend Theologie.

In der nächsten Sitzung öffnete Kapitän Santos einen großen braunen Briefumschlag und breitete auf dem Schreibtisch verschiedene christliche Broschüren und Rundbriefe aus. Er sah finster und angewidert drein. »Diese Bilder sind gefälscht.« Er deutete auf ein Gefängnisfoto von Georgij Vins und fragte: »Wie kommt ihr zu diesen Bildern?«

»Christen haben Fotoapparate. Es gibt massenhaft Fotoapparate«, antwortete ich fest.

Diese Erklärung machte ihn nervös, da er an ein Heer von Spionen dachte. Ich dachte an ein Heer der Liebe, eine Miliz des Lichtes. Ein Abschnitt des Matthäus-Evangeliums ging mir langsam durch den Kopf. Es befaßt sich mit der Verfolgung von Christen:

»Darum fürchtet euch nicht vor ihnen. Es ist nichts verborgen, was nicht offenbar werde und ist nichts heimlich, was man nicht wissen werde. Was ich euch sage in der Finsternis, das redet im Licht; und was euch gesagt wird in das Ohr, das predigt auf den Dächern. Und fürchtet euch nicht vor denen, die den Leib töten und die Seele nicht können töten; fürchtet euch aber viel mehr vor dem, der Leib und Seele verderben kann in der Hölle.« Matthäus 10, 26 – 28.

Seit über einem Monat hatte ich Mel nicht gesehen. Er hatte in seiner kleinen Zelle unter der Hitze gelitten und eine Hautinfektion und einen Hautausschlag bekommen. Er hatte, wie ich, Ruhr.

In seinen Verhören ging es um Vietnam, Rassenvorurteile, Politik und Volkswirtschaft.

Wir sahen uns schließlich am Abend des 3. Juli, als wir in verschiedenen Autos vor einem Fernsehstudio in Havanna eintrafen. Keiner von uns hatte einen Spiegel. Mel sagte, meine Haut sei leichenblaß und meine Augen seien dunkel und tief eingesunken. Trotz der Sitzungen auf dem »Backrost« hatte Mel noch immer eine gewisse Gefängnisblässe.

Mel drohte man ebenfalls vor dem Interview. Man sagte ihm, seine Zukunft hänge davon ab, was er sage. In Wirklichkeit waren die Reporter, die im Studio saßen, von der G-2-Polizei. Wir sollten zum Thema Religionsfreiheit auf Kuba aufgenommen und gefilmt werden, obwohl wir nie eine Kirche gesehen oder mit einem Bürger gesprochen hatten. Als wir in Straßenkleidung auf Polsterstühlen saßen, kamen wir uns vor wie in einer anderen Welt. Man reichte uns ein Glas kaltes Wasser. Aber sobald mit den Fragen begonnen wurde, erkannten wir, daß, ganz gleich welche Miene aufgesetzt wird, Lügen und Haß gleich aussehen, ob hinter Gittern oder im Fernsehstudio.

Die Fragen waren zuvor von den Fragestellern schriftlich fixiert worden. Die Antworten waren viele Male mit mir eingeübt worden, so daß es keinen freien Meinungsaustausch gab. Einmal wurden die Vereinigten Staaten kritisiert, sie hätten eine Plastikgesellschaft. Diejenigen, die das glauben, sollten sie mit einer kommunistischen »Blechdosen«-Gesellschaft vergleichen. Plastik ist ein Luxusgegenstand!

Immer und immer wieder wurden Fragen gestellt — bis zwei Uhr früh.

»Wer hat Sie bezahlt, daß Sie diese Flüge unternommen haben?« fragte ein Mann mittleren Alters, der an dem langen Tisch rechts von uns saß.

»Niemand hat uns Geld gegeben«, antwortete ich.

»Wurde Ihre Reise nicht von einem Ministerium der US-Regierung finanziert?« erkundigte sich eine hübsch gekleidete junge Negerin neben ihm.

»Nein, sie wurde von Christen bezahlt, die lieben und sich sorgen.«

Die grellen Lichter brannten weiter, Kameras schwenkten weiter. Santos saß lächelnd in Zivil im Hintergrund und wartete auf die »richtigen« Erklärungen.

»Könnten Sie aber nicht Gelder von einer Regierungsorganisation erhalten haben, ohne daß Sie es wußten?« sondierte der ältere Mann.

Immer noch wollten sie uns mit dem CIA in Verbindung bringen. Ich lechzte danach, ihnen einen Knochen zuzuwerfen, ein mündliches Geschenk für eine vorzeitige Freilassung. Mein Körper schrie nach Freiheit. Der Kampf war sehr heftig. Ich antwortete so diplomatisch als möglich, indem ich an die Drohungen mit Eiswasserbädern und zwanzig Jahren Gefängnis dachte. Trotzdem waren sie mit unseren Antworten nicht zufrieden. Sie unterbrachen das Interview und brachten uns zum Gefängnis in die Vernehmungszentrale zurück.

Am Sonntag, dem 8. Juli, machten wir mit der Geheimpolizei eine zweistündige Kirchenfahrt durch Havanna. Wieder waren wir in verschiedenen Autos, die wir selten verlassen durften. Der »Religionsfreiheits«-Trip war schlecht, wenn überhaupt, geplant. Ich bin der

Ansicht, daß Gott entweder den Fahrer verwirrte oder es bewerkstelligte, den falschen zu benutzen.

Die erste Kirche war eine sehr große katholische Kathedrale in Seenähe im Westteil Havannas. Eisengitter waren vor die Fenster und das Portal geschweißt worden. Rund drei Meter hohe Stangen versperrten den Fußweg zu dem Gebäude. Vorne war kein Zugang. Ein Seitenportal wurde geöffnet, nachdem wir daran vorbeigegangen waren und uns umdrehten.

»Es muß gerade nicht Zeit für die Messe gewesen sein«, stellte Kapitän Santos mit einem offenen Blick fest. Dann sprach er verärgert mit dem verblüfften Fahrer.

Mels Polizeifremdenführer sagte im Auto, die Kathedrale sei geöffnet. Sodann wendeten die Autos und fuhren zur »richtigen« Kirche. Sechs oder sieben Personen waren darin, und ein Polizist beobachtete von der anderen Straßenseite, wie sie hineingingen.

»Du meine Güte, ist die Kirche voll!« rief Santos aufgeregt.

Mel bestätigte später, daß die Kirche fast leer gewesen sei. Wir sahen zwei weitere katholische Kirchen mit jeweils rund zwanzig Kirchenbesuchern. Die eine war ein für Touristen geöffnetes historisches Denkmal, das fotografiert werden durfte.

Auf dem Weg zu einer Baptistenkirche fuhren wir an vielen auffälligen Eckgebäuden mit verketteten Eingängen vorbei. Alle diese Gebäude hatten Kirchenglasfenster, breite Zufahrtswege und Walmdächer. Waren es Kirchen? Das Baptistenzeichen war mit Ausnahme des Missionsnamens W. Carey weggebrochen. Wieder durften wir unsere Autos nicht verlassen. Ich sah lediglich zwei Personen in dem Gebäude. Mel sah drei. Ein Treppenaufgang war mitten im ehemaligen Altarraum gebaut worden. Während des »Gottesdienstes« betrat eine Frau mit ein paar Säcken das Gebäude und ging die Treppe hinauf. Es war ein Mietshaus! Die Sonderfahrt war in der Tat schlecht geplant — doch von Gott für unsere Erleuchtung gut geplant. Der Kapitän war äußerst verlegen.

»Es ist groß genug für ein Mietshaus«, grinste er linkisch.

Unsere Autos verfuhren sich mehrere Male. Die Adventistenkirche war natürlich geschlossen, da Gottesdienste hier an Samstagen gehalten werden. Metallplatten waren vor die Fenster geschweißt worden. Ein großes Türschloß war an der einzigen Öffnung an der Tür angebracht. Ich bin dankbar für Mels extra scharfen Pilotenblick. Ohne meine Brille konnte ich nur wenige

Wegen der Unterdrückung der Kirchen durch die Regierung verfallen die Gebäude nach und nach.

dieser genaueren Einzelheiten sehen. Man sagte uns, es gäbe viele Kirchen von Pfingstlern in ganz Havanna, bekamen aber nie eine zu sehen, obwohl es uns versprochen worden war.

Als Castro auf Jamaika gefragt wurde, warum es keine neuen Kirchen auf Kuba gäbe, sagte er mit seiner üblichen besorgten und dramatischen Miene, daß Betonmangel der Grund dafür sei. In Wirklichkeit hat Kuba soviel Zement, daß es ein Großexporteur für die Karibik und für einen Großteil Südamerikas ist.

Wieder im Fernsehstudio am 9. Juli, gaben wir zu, ein paar Kirchen gesehen zu haben, versuchten jedoch so unverbindlich wie möglich zu sein. Ich versuchte, verschiedene Glaubensbotschaften einzuwerfen, wurde aber vom Direktor unterbrochen.

»Wenn Sie nochmals Jesus erwähnen, werden wir Ihren Kopf unter Eis legen«, drohte der Major an einer Stelle.

Sie wollten, daß die Aufzeichnung streng politisch wäre. Ich mischte ein weiteres »Jesus« in meine Antwort, sah aber nie das Eis oder den Frost. Mel sagte, er glaube, daß Gott ihn auf diese Mission gesandt habe. Dies machte sie wahnsinnig. Sie wollten das unmißverständlich nicht auf ihrem Band und Film. Zeitweilig kam ich mir wie in einem Schraubstock vor. Jahrelang hatte ich von solchen Druckmitteln bei Christen in kommunistischen Ländern gelesen, es aber selbst zu erfahren, war etwas Neues. Mel und ich versuchten, sie in etwa zufriedenzustellen, ohne daß wir uns auf Kompromisse einließen; doch das war nicht möglich.

Während der Aufzeichnung fütterten mich Kapitän Santos und andere Funktionäre immer wieder mit kleinen Erklärungen, wie beispielsweise: »Wenn Sie nach Hause kommen« und »Kämmen Sie sich, damit Sie schön für Ihre Frau aussehen.« Dabei weckten sie geschickt falsche Hoffnungen. Eine Zeitlang glaubte ich ihnen. Nachdem ich in Einzelhaft zurückgekehrt war, lag ich fantasierend auf der Pritsche und träumte mit offenen Augen von Freilassung oder Flucht ... Die US-Marine lande auf dem Dach ... Ich schwämme durch den Hafen von Havanna, um das Schlepptau eines Schiffes zu packen. Ein paar Tage ging ich in diese Falle, die genauso tödlich und Gewohnheiten bildend war wie Drogen.

Schließlich erkannte ich einen Tag bzw. eine Nacht nach einer weiteren gefühlsmäßig erschöpfenden Tagtraumsitzung die damit verbundene völlige Verschwendung von Zeit und Energie. Als ich den Herrn um Vergebung bat, entwickelte ich die disziplinierte Routine, etwa drei Kilometer pro Tag in der Zelle zurückzulegen, wobei ich laut Bibelverse sang und sprach.

Die Verse segneten und stärkten mich auf mächtige Weise. Indem ich: »Ich vermag alles durch den, der mich mächtig macht, Christus« (Phil. 4, 13) sagte, zog ich ein imaginäres Schwert und schlug damit gegen die Tür. Ich schwang das Schwert des Heiligen Geistes — das mächtige Wort Gottes. O, wie sehr wünschte ich, daß ich mir mehr gemerkt hätte! »Ich behalte dein Wort in meinem Herzen, damit ich nicht wider dich sündige«, schrieb David, der Psalmist. Wir in der freien Welt müssten es dort aus vielerlei Gründen bewahren — zu unserer persönlichen Stärkung, wenn wir die Bibel nicht lesen und für die Zeit, die vielleicht kommen wird, in der wir keine Bibel haben können.

Wie sehr sehnte ich mich nach etwas zum Lesen! Ich las sämtliche Kritzeleien an der Wand. Einige stammten von Walter Clark, einem Amerikaner, den ich später im Gefängnis traf, und der zu zwei Jahren Gefängnis verurteilt worden war, da sein in Not geratenes Flugzeug in den kubanischen Luftraum »eingedrungen« war. Er und Bob Bennett waren von MIG-Fliegern zur Landung gezwungen worden. Walter, zuvor in Zelle 37, hatte kurze liebe Gedanken über seine Frau und seine Kinder an die Tür und Wände geschrieben.

Kapitän Santos, der hoffte, aus mir einen »christlichen Marxisten« (so etwas gibt es nicht) machen zu können, gab mir eines Tages ein Buch von Pater Camilo Torres, einem kolumbianischen Pfarrer. Torres predigte, das Gebot »liebe deinen Nächsten« lediglich als ein soziales Konzept, frustriert von dem, was er als Mangel an Verantwortung in der Staatskirche ansah. Dieses soziale Evangelium, ganz gleich wie gut mit Geistlichkeit ausstaffiert, endet im Ruin, wenn es nicht von der seelenrettenden, mächtigen Liebe Jesu Christi durchdrungen ist. Die übernatürliche Verwandlung des menschlichen Geistes durch die Macht und Gnade Gottes muß im Mittelpunkt stehen und dominieren, sonst werden die Dinge am Ende verzerrt und aus der Form gebracht. Der Same des Marxismus, der Torres in den Universitätsjahren eingepflanzt worden war, trat in seinen Schriften bis zuletzt mehr und mehr an den Tag. Vater Torres starb, nachdem er für das Töten Partei ergriffen und auf dem Land Terroristengruppen organisiert hatte. In den letzten Kapiteln hob die Schlange schließlich ihren häßlichen Kopf und zeigte ihr wahres Gesicht. Seine Lehre war nicht die einfacher wirtschaftlicher oder sozialer Veränderung, sondern die des Hasses, der Unterdrückung und des Todes.

Doch welch ein Kleinod fand ich in diesem Buch! Infolge meiner schwachen Sehschärfe mußte ich eine Hand vor ein Auge halten, damit das andere nicht zu schnell ermüdete. Als ich die Seiten in das trübe, gelbliche Licht hielt, fand ich einen Abschnitt aus der Heiligen Schrift – Römer 8, 35–39: »Wer will uns scheiden von der Liebe Gottes? Trübsal oder Angst oder Verfolgung oder Hunger oder Blöße oder Fährlichkeit oder Schwert?« Wie geschrieben steht (Ps 44, 23): »Um deinetwillen werden wir getötet den ganzen Tag; wir sind geachtet wie Schlachtschafe. Aber in dem allem überwinden wir weit durch den, der uns geliebt hat. Denn ich bin gewiß, daß weder Tod noch Leben, weder Engel noch Fürstentümer noch Gewalten, weder Gegenwärtiges noch Zukünftiges, weder Hohes noch Tiefes noch keine andere Kreatur kann uns scheiden von der Liebe Gottes, die in Christus Jesus ist, unserm Herrn.«

Was für eine Freude hatte ich da!

Torres benutzte diesen Abschnitt als Aufruf zu physischem Krieg und Töten. Doch der Heilige Geist sorgte dafür, daß ich ihn in seiner richtigen Perspektive sah: In der besiegenden Liebe Christi in jeglicher Lage.

Schwach und wieder bärtig, in zerlumpter Kleidung und vollkommen von jeglichen verbalen Formen der Kommunikation von denen abgeschnitten, die mich lieben, ließ ich diese reichen Verse auf mich einwirken und mir großen Trost geben. Das eindringliche Kapitel 8 des Briefes des Paulus an die Römer wurde von Paulus im Gefängnis verfaßt: »Wer will uns scheiden von der Liebe Gottes? ... Trübsal ... Angst?«

Jeden Tag pflegte der Kapitän begierig zu fragen, wie mir das Buch gefiele. Er war selbst in die Bibliothek gegangen, um es zu suchen, immer noch in der Hoffnung, mich für sich zu gewinnen. Ich sagte ihm, daß mir das Buch sehr gefiele! Ich las es einmal durch und dann las ich den Abschnitt aus dem Römerbrief sieben- oder achtmal pro Tag. Ich hatte den Abschnitt bereits auswendig gelernt; doch selbst dann pflegte ich das Buch zu öffnen und das Papier zu berühren, staunend über Gottes Gnade für mich. Ich begann auf kleine Weise zu erkennen, wie ausgehungert Christen in kommunistischen Ländern nach dem Wort Gottes sind, und wie selbst ein kurzer Vers jedem Menschen helfen kann, sei er nun gläubig oder nicht gläubig.

Als Antwort auf viele offizielle Nachforschungen Washingtons sowie von Kongressmitgliedern und anderen wurde ich in ein Krankenhaus für Krebserkrankungen nach Havanna zur Untersuchung und zum Röntgen gebracht. Der Kapitän benutzte dies als Vorwand, um mir die »unentgeltliche« medizinische Behandlung auf Kuba zu zeigen. Später erfuhr ich, daß ein jeglicher auf Kuba erworbener Gegenstand, sogar Gegenstände wie beispielsweise eine dünne, schlecht genähte Hose, etwa die Hälfte eines Monatslohnes kostet. Ich begann zu begreifen, daß hier nichts umsonst ist. Diese armen Menschen werden in der Tat zur Kasse gebeten. Alle Medikamente müssen nach der »kostenlosen« Behandlung gekauft werden. Sogar minderwertige Vitaminpräparate kosten einen Tageslohn.

Als wir vor dem Krankenhaus ankamen, wartete ich mit einem Wachtposten im Auto, während der Kapitän das vorbereitete, was Mel und mir als »Mango-Vorfall«

in Erinnerung blieb. Ich hatte Santos einmal erzählt, ich hätte gehört, daß das kubanische Volk aufgrund des Exports nie in den Genuß der eigenen Mangos käme. Ich hatte erfahren, daß Bob Bennetts Frau bei einem Besuch Havannas fast zwei kubanische Taglöhne für Mangos bezahlen mußte.

Der Kapitän kam schließlich zu dem Lada, einem russischen Fiat, zurück, in dem wir warteten. Er legte mir die Hand auf die Schulter und führte mich langsam den Gehweg entlang. Wir waren alle in Zivil. Ich wunderte mich, warum wir so langsam gingen. Plötzlich kam eine Frau, die soeben das Gebäude verlassen hatte, auf uns zu. Sie trug eine Netztasche mit sechs oder sieben großen, reifen Mangos.

Das wird interessant, dachte ich. *Wir wollen sehen, was er daraus macht.*

Sie ging vorbei, und ich glaubte für einen Augenblick, daß es legal sei. Aber dann konnte Kapitän Santos, der große dramatische Held, der Gelegenheit nicht widerstehen, einen »Oscar« zu gewinnen. Mit der Hand auf meiner Schulter drehte er mich halb herum. Indem er auf die Tasche deutete, mit der die Frau soeben an uns vorbeigegangen war, rief er aus: »Sieh da! Schau die diese Mangos an!«

Herrlich, Kapitän. Sie haben soeben einen klassischen Fall der Overkill-Strategie aufgeführt.

Der andere Wachtposten, der bei uns war, erwähnte ebenfalls die Früchte. Dies waren die einzigen Mangos, die wir je auf unseren Propagandatouren durch Havanna zu sehen bekamen.

Später brachte man Mel und mir in unseren separaten Zellen diese. Der Anblick von Früchten – Mangos –

überraschte uns! Die Wärter waren so verwundert, daß sie die Stahlklappe in meiner Tür öffneten und mich fragten, wie sie mir mundeten. Bei Mel verhielten sie sich ebenso. Wir lernten, daß die Kommunisten im Täuschen Meister waren, ganz gleich ob sie Mangos oder Menschenmassen manipulierten. Nicht nur, daß diese Frucht rar ist – es müssen auch Dutzende von anderen Bedürfnissen gestillt werden. Die Lebensmittelkarte ist eine Realität der Gegenwart und eine erbarmungslose Mahnung der schlechten Wirtschaftslage. Viele geben dem US-Embargo die Schuld an Kubas Armut. Schuldig ist jedoch eher das kommunistische System, das die Menschen ausbeutet. In den 60er Jahren büßte Fidel, der »Wirtschaftsexperte«, Millionen von Pesos infolge katastrophaler Experimente ein.

Sein Kaninchenplan: sämtliche eingeführten Kaninchen verendeten, da sie die tropische Hitze nicht gewohnt waren.

Der Schweineplan: eine an kühles Klima gewohnte Schweinerasse aus dem Norden mußte in eigens gebauten Ställen mit Klimaanlage gehalten werden, damit sie überleben konnte. Die Klimaanlagen setzten aus. Die Schweine verendeten.

Castro wollte, daß Kaffeesträucher in einem Halbkreis um Havanna gepflanzt werden sollten, nachdem führende britische Experten erklärt hatten, daß dies unmöglich sei. Alle Bäume gingen ein. Der Froschplan. Der Krokodilplan.

Als die Russen schließlich sahen, daß Millionen von Rubel-Pesos zum Fenster hinausgeworfen wurden, brachten sie sowjetische Berater in jedes Regierungsministerium. Noch immer spiegelt sich die traurige Lage in politischen Karikaturen wider, die während meiner Zeit auf Kuba auf geheimnisvolle Weise an den Stadtmauern aufzutauchen begannen: Ein Pferd bricht vor einem schweren Karren auf dem Boden zusammen. Die Überschrift lautete: »Treibt uns nicht noch mehr an, wir sind fast am Boden.«

Leiden und Schmerz sind in kommunistischen Ländern so vorherrschend, daß Dutzende von Witzen gewöhnlich die Folge sind. Ich fand es immer verwunderlich, daß das Erzählen derartiger Witze offenes Gelächter auszulösen pflegte.

Es gibt einen bekannten Witz, der treffend die Wirtschaftslage widerspiegelt: Fidel wollte seine Sicherheitskräfte verbessern, weswegen er Sherlock Holmes, den berühmten Detektiv, anheuerte, um sich beraten zu lassen. Sherlock Holmes fuhr mit Fidel mehrere Wochen in seinem Jeep, ohne etwas zu sagen.

»Schau, Sherlock«, sagte Fidel, »ich weiß, daß du berühmt bist, aber du hilfst mir kein bißchen. Warum gibst du mir keine Hinweise?«

Sherlock deutete zum zehnten Stockwerk eines Mietsgebäudes hinauf. »Siehst du den Mann in dem neuen roten Hemd? Er trägt keine Unterwäsche«, erklärte Holmes weise.

Castro schickte sofort seine G-2 aus, die den überraschten Mann an die Wand stellten und ihm die Hose auszog. — Und tatsächlich, keine Unterwäsche!

»Es tut mir leid, Sherlock«, entschuldigte sich Fidel. »Es stimmt alles, Du bist jeden Pfennig wert, den ich dir zahle. Doch sag mir, woher wußtest du das? Es ist ja unglaublich! Du weißt jede Einzelheit.«

Sherlock schmunzelte. »Nun, das ist einfach, mein

lieber Fidel. Weißt du, laut Lebensmittelkarte können deine Bürger lediglich ein neues Hemd oder eine neue Wäschegarnitur pro Jahr erhalten. Ich sah, daß er das neue Hemd hatte, und folglich wußte ich, daß er keine Unterwäsche tragen konnte.«

Jetzt kam die Zeit des Wartens. Fast zwei Monate saßen wir in unseren separaten Zellen. Die Augen und der Geist hungerten nach so vielen Dingen, die entbehrt werden mußten, die sonst aber selbstverständlich sind, z. B. Farbe. Als wir an Blumen am Straßenrand vorbeifuhren, hielt ich den Atem an und nahm begierig die lebendigen wogenden Rosa- und Rottöne auf, indem ich sie in jeder möglichen Sekunde ansah, damit ich mich später an sie erinnern konnte. In der Zelle gab es keine Farbe. Einmal kletterte ich an der Tür hinauf, indem ich mich mit den Zehenspitzen auf einige hervorstehende Schweißstellen stellte und fand ein paar tote netzflüglige Insekten in einer kleinen Einbuchtung unter der Glühbirne. Ich hielt die winzigen, zerbrechlichen, schillernden Flügel unters Licht und betrachtete die wunderbaren Grün- und Rosétöne. Mein Atemzug blies sie mir aus der Hand auf den Boden. Ich kletterte hinunter und ging in die Knie, um sie zu suchen, doch ohne Brille und bei den schlechten Lichtverhältnissen war das vergeblich.

Ich fragte mich, wie lange diese schwere Prüfung noch dauern würde, und wann oder ob ich überhaupt Ofelia und die Kinder jemals wiedersehen würde. Obwohl ich die Gegenwart des Herrn immer verspürte, erschien mir das Warten endlos.

VII

»Innere Sicherheit«

Die langen, heißen Tage der Monate Juli und August vergingen langsam. Als ich in meiner Zelle zur Übung auf- und abging, hielt ich inne und warf mein Handtuch aufs Bett, wobei ich an Elisa dachte, der das Wasser mit seinem Mantel geteilt hatte.

»So wird es Gott eines Tages für mich tun«, rief ich laut aus.

Voller Zuversicht, daß Er eines Tages diese Stahltüren teilen würde, entspannte ich mich und warf Brotkrümel für die Vögel hinaus. Sie ermutigten mich mit ihrem Lobgesang. Ein kleiner brauner Vogel mit orangefarbenem Schnabel steckte seinen Schnabel durch meinen Fensterschlitz, indem er den Kopf seitwärts drehte, um mich anzusehen. Ich erinnerte mich an einen Abend im Bibel-College in Houston, Texas: Mein Wecker funktionierte nicht, und ich bat Gott um Seine Hilfe, mich am nächsten Morgen um sechs Uhr zu wecken. Am Morgen weckte mich ein »Ding! Ding! Ding!« aus meinem gesunden Schlaf. Beim Aufstehen sah ich draußen auf dem Ziegelsims einen Spatz, der mit dem Schnabel gegen die Fensterscheibe hämmerte. Es war genau sechs Uhr.

Obwohl mich die häufigen Perioden der Ruhr in geschwächtem Zustand hielten, durchschritt ich weiterhin die Zelle. Ich wußte, wann es Sonntag war, weil dann die Wachtposten im Gleichklang zu Ehren von Fidel, Che, Camilo und anderen Göttern außerhalb des

Gebäudes zu singen pflegten. Stunde um Stunde sangen sie Gedichte, Lieder und Parolen.

Während der Zeit, in der Milch an uns verteilt wurde, versuchte ich, mit den Wachtposten zu sprechen. Ein junger Wärter lachte und sagte immer: »Warum redest du von diesem Gott? Fidel Castro ist unser Gott.« Ein anderer, der jeden Tag das Essen brachte, pflegte ein paar Sekunden vor meiner Tür haltzumachen. Ich lächelte immer und sagte: »Jesus segne Dich!« Er lächelte stets zurück und sagte nichts. Einmal, als Kapitän Santos in meiner Zelle war, kam dieser junge Wärter mit meinem Essen vorbei. Da ich mit der Vernehmung beschäftigt war, konnte ich ihm nicht meinen raschen Segen geben. Ein paar Minuten später kam er zurück und schaute herein.

»Hei! Wo ist mein ›Jesus segne Dich‹?« grinste er.

Mit verdutzter Miene rannte der Kapitän zur Tür, aber die Wache war gegangen.

Um die Langeweile zu bekämpfen, dehnte ich mein Gehpensum auf knappe fünf Kilometer pro Tag aus. Beim Auf- und Abgehen zählte ich laut alle Namen Jesu auf, die mir gerade einfielen: »Emmanuel (Gott ist mit uns), Erlöser, Meister, König, Herr, Fels ...« Jesus als der Fels war das geistliche Konzept, das am kraftvollsten meine Seele nährte und mir Stärke verlieh. Ich hatte keine materiellen Besitztümer, keine Familie und zweifellos auch keine Achtung seitens meiner Gleichgestellten, aber ich hatte den Fels. Ich lernte täglich, auf Ihm zu stehen.

Die Bezeichnung dieses Untersuchungsgefängnisses lautete »Innere Sicherheit«. Ich lachte über diese Ironie, denn in meinem Herzen keimte der Same des Glaubens. Ich wuchs dank Seiner Gnade und Er schuf in mir mehr innere Sicherheit, als ich jemals zuvor gekannt hatte.

Unten, im Erdgeschoß, versuchte der Kapitän noch immer, diese Sicherheit zu zerstören. Seine Anstrengungen, meinen Glauben an Gott zu zerstören, waren unerbittlich. Doch je mehr ich mich dem Felsen Jesus und Seiner Opferliebe anvertraute, um so mehr Schwierigkeiten hatte Santos bei seiner Spaltungstechnik. Er konnte versuchen, an dem »äußerlich religiösen« Tom White herumzuhämmern, konnte aber dem mächtigen Eckstein nichts anhaben, dem lebendigen Jesus in meinem Herzen.

In meiner Zelle hatte ich viel Zeit, um über die antichristliche Philosophie nachzudenken, die jede Seite von Castros Gesellschaft durchdringt. Sie ist teilweise die Ursache, warum die Kirche auf Kuba leidet. Nicht nur, daß diese marxistische Religion dazu gedient hat, die Kirche zu unterdrücken; sie nagt von innen an ihr wie Krebs. Eine Generation von Pfarrern preist jetzt Marx, Lenin und Castro als Messiasse. Lenin hat gesagt: »Wir müssen die Religion bekämpfen. Das ist das ABC des Materialismus und folglich des Marxismus.« Was sich auf Kuba entwickelt hat, spiegelt Solschenizyns Erklärung aus dem Jahre 1972 wider: »Eine Kirche, geführt von Atheisten — ein Spektakel, welches die Menschheit 2000 Jahre lang nicht gesehen hat!«

Monsignore Zacchi, der päpstliche Nuntius auf Kuba, hat gesagt, daß katholische Jugendliche Mitglieder der kommunistischen Jugendorganisation werden könnten, da Katholiken ein Recht hätten, sich politisch zu engagieren. Etliche Priester sind persönlich anderer Ansicht und traurig darüber.

Der Leiter des Unionsseminars in Matanzas ist Pfarrer Sergio Arce. Er hat sich einen Vollbart zu Ehren Castros wachsen lassen — Castros, des Bibelverbrenners (siehe Prolog). Arce erklärte unlängst: »Marx war ein Atheist im Geiste, aber nicht im Herzen. Zu viele Christen sind nicht Atheisten im Geiste, sondern in ihren Herzen.« Auf den ersten Blick scheint dies eine Billigung eines liebenswürdigen, sanften Marx zu sein, der wollte, daß die Armen ein besseres Leben hätten. Der Christ wird als selbstsüchtiger, gefräßiger Materialist geschildert, der andere nur dem Worte nach liebe. Ein Großteil der naiven westlichen Welt wird in diesen falschen Vergleich gezogen und bleibt stumm. Man will erreichen, daß sie sich als »Wirtschaftskriminelle« fühlen. Aber der wahre Christ liebt, gibt, hilft und opfert, wie es am Beispiel Christi gezeigt wird.

Wie sah Marx' Beispiel aus? Wir wissen, was in Christi Herz war. Doch was war mit Marx? War er wirklich ein wohlwollender, humanitärer Volkswirtschaftler?

Marx, der Volkswirtschaftler, war auch Marx, der Dichter. Seine Gedichte und seine Volkswirtschaftslehre sind miteinander verknüpft. In seinem Gedicht »Menschlicher Hochmut« macht er sich Gedanken, was seine Pläne tatsächlich in der Welt bewirken werden, und seine poetische Prophetie erfüllt sich, wo marxistische Länder wirtschaftlich vergewaltigt werden.

Menschlicher Hochmut
Mit Verachtung
werfe ich der Welt den Fehdehandschuh

voll ins Gesicht und beobachte den Zusammenbruch
dieses Zwergriesens, dessen Fall meinen Haß nicht
ersticken wird. Dann wandre ich gottgleich und
siegreich durch die Trümmer der Welt, und indem
ich meinen Worten tätige Macht verleihe, fühle
ich mich dem Schöpfer gleich.

Warum setzt sich Marx dem Schöpfer gleich? Was hat das mit Volkswirtschaft zu tun? In seinem Gedicht »Der Spielmann« schreibt Marx:

Die höllischen Dämpfe steigen auf und erfüllen meinen Verstand,
bis ich verrückt werde und mein Herz vollkommen geändert wird.
Sieh dieses Schwert!
Der Prinz der Dunkelheit
hat es mir verkauft.

In seinem Gedicht »Die blasse Maid« gibt er zu:
So hab ich den Himmel verscherzt,
ich weiß es genau.
Meine Seele, die einst Gott gehörte,
ist nun für die Hölle bestimmt.

In einem Brief vom 31. März 1854 redete Marx' Sohn Edgar seinen Vater mit »Mein lieber Teufel« an. (Eine Dokumentation dieser dunklen, wenig bekannten Seite von Marx' Leben, die sich in seinen Briefen, Gedichten und anderen Schriften widerspiegelt, finden Sie in dem Buch »Der unbekannte Karl Marx« von Richard Wurmbrand.) Sind die Volkswirtschaftstheorien von Marx, die für die Armen der Welt verlockend zu sein scheinen, in Wirklichkeit als »Engel des Lichts« verkleidet? Öffnen sie nicht den Deckel einer Pandorabüchse wirtschaftlicher, moralischer und geistiger Sklaverei? Und passen die marxistischen »Priester« der G-2 — Antonio Santos, Major Alvarez und andere — nicht perfekt in die wahre Schablone, die diese Theorien schaffen halfen: nicht wohltätige Retter, die den Armen helfen, sondern tückische atheistische Unterdrücker, offene Gotteslästerer, aggressive Zerstörer christlichen Lebens und christlicher Ethik? Warum gibt es unter allen Regierungen, die sich offen als marxistisch bezeichnen, religiöse Unterdrückung im Übermaß?

Die Unterdrückung seitens des Kommunismus ist nicht nur auf wirtschaftlichem und politischem Gebiet offenkundig, sondern auch im Geist des kubanischen Lebens selbst. Argwohn und Angst sind Waffen zur Kontrolle.

Obwohl die Funktionäre wußten, daß die Trennung von meinen Familienangehörigen eine offene Wunde für mich war, benutzten sie fortwährend ihre Namen, um mich in Versuchung zu führen und zu quälen. Die furchtbare Marter ihrer Taktik wurde unerträglich, indem sie meinen Verstand jeden Tag quälten und aufwühlten.

»O, Gott! Ich kann ihn nicht loswerden ... diesen Schmerz ... Er ist zu stark. Hilf mir!« Flehentlich weinte ich eines Abends. Mit meinen Gedanken war ich bei Daniel, bei seinem goldenen Schopf, wie er fröhlich in der Badewanne plantschte, und ich stellte mir Dorothy vor, die in die Hände klatschte und kleine Liedchen sang. Dann war da Ofelia — wie ich mich nach ihr, die jetzt allein für die Kinder sorgte, sehnte!

Als ich mich auf meiner harten Pritsche von einer Seite auf die andere wälzte, ließ mich ein Gedanke auffahren, der in meinem geplagten Verstand aufblitzte.

»Tom ... erinnere dich an den Hauptmann zu Kapernaum!« Der Eindruck war so stark, daß er nicht deutlicher hätte sein können, wenn ich ihn akustisch gehört hätte. Verdutzt setzte ich mich am Bettrand auf.

»Was hat das damit zu tun?« flüsterte ich. »Der Hauptmann« — »Tom, denke an den Hauptmann zu Kapernaum. Denk darüber nach«, kam der Befehl wieder.

Im Geiste hastete ich zu Lukas, Kapitel sieben, wo Jesus sich über den Glauben des Hauptmanns wunderte. Der römische Soldat war der erste, der glaubte, daß sich Jesus bei ihm zu Hause eines Problems annehmen könne, ohne physisch da zu sein. Als mir diese Erkenntnis dämmerte, spielte ein Lächeln um meine Lippen.

»Dann kannst du, Jesus, im Geiste gerade jetzt von hier, von meiner Zelle in Havanna, in mein Heim nach Glendale, Kalifornien, wandern. Du kannst jetzt meine Frau und meine Kinder berühren. Du kannst in diesem Augenblick bei ihnen sein. O, Preis sei Gott! Geh jetzt dorthin, Jesus.«

Es war eine einfache Lektion ... eine Speise als Nahrung für einen Christen im Säuglingsstadium, der kaum die Heilige Schrift zu Rate zieht. Diese Nahrung wirkt zur Auferbauung des Glaubens. Es war packend. Gott hatte sie mir speziell zu meinem Problem in persönlicher Verpackung gegeben. Gefühle der Traurigkeit um meine Familie kamen noch immer über mich, aber niemals mehr der qualvolle, marternde Druck. Wenn Satan mich zu durchdringen versuchte, schwang ich mein

Schwert zurück zu ihm und sagte laut: »Denk an den Hauptmann zu Kapernaum!«

Von diesem Sieg ermutigt, begann ich Bibelverse zu wiederholen und täglich mehr Psalmen, Kirchenlieder und Lobgesänge zu singen. Als ich den Füßen Jesu näherkam, wuchs das Bewußtsein um meine Schwäche und meine Probleme. Dinge, die in einer geschäftigen, zerstreuten Gesellschaft so einfach versteckt werden, traten in der Zeit meines Betens und Fastens zu Ehren des Herrn an die Oberfläche. Meine Zelle war zu einem »Gebetskabinett« geworden. Ich lernte, daß Jesus, mein Schöpfer, der größte Psychiater ist, der je auf Erden gelebt hat. Er löst nicht nur Probleme, Er »löst sie auf« in Seinem Blut. Als alle Probleme ans Licht kamen, vergegenwärtigte ich mir ein goldenes Kreuz über ihnen. Dies diente als Mahnung, daß meine Schwäche keine Macht mehr über mich hatte. Ich begann mich frei und gereinigt zu fühlen, quicklebendig und erfrischt. Eine Prophezeiung zu Jesus über Maleachi 3, 2 nahm neue Bedeutung für mich an: »... Denn Er ist wie das Feuer eines Schmelzers und wie die Lauge der Wäscher.« Ein winziges Stück weißer Seife gegenüber meiner Pritsche brachte mich zum Lachen. Frei. Rein. Jesus wusch Sein Baby.

Wie oft bin ich umhergeeilt, ohne Zeit für eine »Wäsche« aufzubringen; ich rannte sonntags so in die Kirche, so wie wir schnell in eine Autowaschanlage fahren. Jesus hatte schließlich eine »gefangene Zuhörerschaft«, und Er verabreichte mir eine gründliche Herzwäsche.

Ich war überglücklich, zu wissen, daß Er sich noch um mich sorgte. Viele Nächte hatte ich mich auf der Pritsche hin- und hergewälzt und gebetet: »O, Gott, schneide mich nicht ab.« Ich erinnerte mich, daß der Ast, der keine Früchte trägt, abgehauen wird. Ich hätte mehr Früchte für Ihn tragen können. Wurde ich jetzt abgeschnitten? Seine angenehme, liebreiche Hilfe in jenen Tagen und Nächten war ermutigend. Er liebte mich noch immer. Er sorgte sich noch immer. Er bereitete mich sogar vor.

Im Dezember 1978 betete ich mit einigen christlichen Freunden während eines Gottesdienstes in einem Privathaus. Einer, der von der Arbeit, die ich tat, wußte, schlug vor, daß die Gruppe für mich und meine Missionsarbeit beten möge. Nach der Zusammenkunft enthüllte mir eine Dame etwas, was der Herr ihr gezeigt hatte:

»Als ich für Sie betete, sah ich, wie Sie in einem tankähnlichen Objekt eine breite Straße hinunterdonnerten. Aber haben Sie keine Angst, denn Engel saßen zu Ihrer Rechten und Linken. Nichts kann Ihnen Schaden zufügen.«

Ich murmelte ihr ein Dankeschön für die Botschaft zu und fragte mich, was für eine Art von Prophezeiung dies sein könnte, falls es tatsächlich eine Prophezeiung wäre.

In der Apostelgeschichte sagte ein Mann namens Agabus die Festnahme des Paulus fast auf dieselbe Art voraus. Aber das galt für die Tage, in denen die Apostel lebten, nicht wahr? Außerdem benutzte ich ein Flugzeug. Was konnte dieses tankähnliche Objekt sein?

Als ich in meiner Einzelzelle saß und über die Aussage der Frau nachdachte, fiel mir ein, daß das Flugzeug gegen ein Müllauto geprallt war. Mit den abgebrochenen Tragflächen und dem die Straße hinunterpolternden Rumpf war das Flugzeug zu einem tankähnlichen Objekt geworden. — Keine einzige Schramme am Körper! »Nichts kann Ihnen Schaden zufügen.« — »Engel.« Ja, Gott sorgte sich nicht nur, Er bereitete auch vor. Gott war hinter mir und vor mir.

Ende August hatte Kapitän Santos vor unserem Umzug ins Hauptgefängnis eine väterliche Sitzung mit mir. Die Rolle eines weisen Mannes spielend, riet er mir, ich solle mich aus der Politik heraushalten und mich an die »reine Religion« halten. Das belustigte mich. Hier hörte ich dieselben Worte, die ich von Oberhäuptern von Konfessionen, religiösen Offiziellen und anderen Geistlichen gehört hatte, die das Schmuggeln von Bibeln kritisierten. Diese gleichlautende Predigt wurde jedoch jetzt von einem kommunistischen Kapitän gehalten, der mich kalt und brutal wie ein Insekt behandelt hatte: »Du solltest Politik nicht mit dem Evangelium vermengen. Du solltest das reine Evangelium predigen.«

Santos hatte Verhöre von Priestern und Pfarrern verschiedener Glaubensrichtungen zugelassen. In welche Art von Politik waren sie verwickelt? War es die Politik von »Mein König ist Christus«, die ich an der Wand gelesen hatte? War es die Politik des Mop-Fadenkreuzes? Ich sollte es bald herausfinden, ich war dabei, einige dieser »Politiker« zu treffen — meine Brüder in Christo.

VIII

In der Schule des Leidens

Kurze Zeit später wurden Mel und ich mit einem russischen Auto, ähnlich den »Schwarzen Minnas«, die ich in Filmen über sowjetische Arbeitslager gesehen hatte, verlegt. Es war Nacht. Matt, ein weiterer Amerikaner, und wir plauderten glücklich auf dem Rücksitz; die Worte kamen wie ein Wasserfall über unsere Lippen — vor Freude, miteinander reden zu können. Wir müssen den drei oder vier Wachen, die auf der anderen Seite unseres Drahtkäfigs saßen, wie Singvögel im Käfig vorgekommen sein. Sie alle trugen Maschinengewehre (AKM-Überfallgewehre), sowjetische Flinten mit russischen Kugeln. Warum in der Nacht? Warum so viele Wachtposten? Wir waren an so ungeheure Machtdemonstrationen nicht gewohnt.

Das war der Anfang unserer Erziehung in einem Polizeistaat. Dies waren spezielle Wachtposten des Innenministeriums. Es gibt auch Wachtposten und Soldaten der Nationalen Revolutionären Miliz, der Nationalen Revolutionären Polizei und der Gebietsmiliz sowie drei Armeen des Ministeriums der Bewaffneten Streitkräfte — alle ins Leben gerufen, um die totale Kontrolle über das Volk zu gewährleisten.

Wir fuhren durch die Haupttore des Gefängnisses Combinado del Este östlich von Havanna. Obwohl wir nicht durch die Fensterschlitze des Wagens sehen konnten, vernahmen wir das bienenschwarmartige Summen Tausender von Stimmen — siebentausend, wie sich herausstellte. Man brachte uns zum Gebäude Nr. 3, wo wir in eine provisorische Aufnahmezelle gesperrt wurden. Die Zellen waren gerammelt voll. In unserer Zelle schliefen 28 »Lancheros« (Bootsmänner) auf dem Fußboden. Sie waren zu vier Jahren Haft verurteilt worden, weil sie versucht hatten, Kuba per Schlauchboot, Kutter oder Floß illegal zu verlassen.

Einer von ihnen erzählte mir, wie seine fünfjährige Tochter in einem Schlauchboot auf seinem Schoß saß, als er vierzig Meilen (ca. 75 km) in die See in Richtung KeyWest ruderte. Die kubanischen Torpedoboote verlassen nicht nur Castros Gewässer, sondern patrouillieren bis fast an die Grenze der Vereinigten Staaten, nach flüchtenden Landsleuten fischend. Mel, Matt und mir wurde die einzige Pritsche gegeben. Sie fühlten sich geehrt, daß wir dort waren.

Ich saß oben auf der Pritsche und betrachtete sie. Da sie wußten, daß ich Spanisch sprach, hatten sie sich alle um mich geschart und waren begierig, zu reden. Mager, unrasiert, mit dunklen tiefliegenden Augen, fehlenden Zähnen, zerlumpten Kleidern oder kaum bekleidet, war ihr Tropenparadies eine lebendige Hölle. Was konnte ich sagen?

»Ich würde eigentlich gerne mit euch ausbrechen«, rief ich durchaus ehrlich. »Wie weit ist es bis zum Strand?«

»Gut 5 km nördlich«, lachte einer.

»Selbst wenn euch die Flucht gelänge, wüßtet ihr, daß es etwas gibt, was ihr nie hinter euch zurücklassen könnt? — Euch selbst. Eure Probleme. Eure Persönlichkeit. Ich kenne einen, der mir wirkliche Freiheit gegeben hat.« Ich hielt inne und wartete, daß meine Worte wirken würden.

Sie starrten mich fragend an. Ein alter Mann führte die Hand an sein bärtiges Kinn.

»Jesus Christus! Er macht mich frei«, fuhr ich fort. »Er nimmt all die überdrüssigen, schmutzigen Dinge von mir, die versuchen würden mich hinunterzuziehen.«

Ich sah keine einzige spöttische Miene. Viele schrien. Sie drängten sich um die Schlafstelle; sie sahen wie winzige Fische aus, die mit geöffneten Mäulern zur Fütterung an die Wasseroberfläche schwammen. Einige waren nur noch Skelette. Ich stand von der Pritsche auf und war mitten unter ihnen. Ich schlug nachdrücklich mit der Hand gegen meine Brust und rief: »Ich bin genauso frei, wenn ich jetzt hier bei euch stehe, wie ich es in Miami Beach wäre. Die Freiheit, die Jesus gibt, kann euch niemals genommen werden.« Sie wurden aufgeregt.

»Kennst du die Bibel?« fragte einer. »Sag uns ein paar Worte aus der Bibel«, bat ein anderer.

Ich war verlegen. O Gott, warum hatte ich nicht mehr aus der Heiligen Schrift auswendig gelernt? Ich begann mit der Bergpredigt: »Selig sind, die da geistlich arm sind ... Selig sind, die da Leid tragen; denn sie sollen getröstet werden ...«

Ich lehrte sie ein Lied, das Ofelia auf Costa Rica gelernt hatte: »Der Name Jesus ist süß; Er bringt mir Frieden und Freude.« Zuerst sangen sie ängstlich, dann ein wenig lauter; einige klatschten in die Hände.

Der magerste Gefangene war ein junger Mann von achtzehn Jahren, der oft zu mir kam und sagte: »Erzähle mir mehr! Alles, was ich habe, ist dieses Gift in meinem Kopf seit ich ein Säugling war.« Er berichtete mir von diesem Gift: Marxismus, dialektischer Materialismus, Atheismus. Ich zitierte immer wieder auf Spanisch den 23. Psalm sowie andere Verse über die Liebe Gottes. Ich erklärte ihm und den anderen, wie einfach es ist, mit Gott zu sprechen.

»Gott ist jetzt bei uns in diesem Raum. Ihr braucht keine besonderen Worte. Ihr redet zu Ihm, wie ihr mit eurem Freund reden würdet. Sein Sohn, Jesus, trägt eure Worte direkt zu Ihm. Er liebt euch.«

Er pflegte dann so glücklich zu sein, daß wir sehen konnten, wie er erfüllt wurde. Ich gab ihm meine Frühstücksration, bestehend aus chinesischer Tiermilch, was für mich kein großes Opfer bedeutete, für ihn aber kostbar war.

In der nächsten Nacht sahen wir, wie etliche Männer in Aufnahmezellen an Asthma und Schwäche starben. Stundenlang hatten ihre Häftlingsgenossen um Hilfe gerufen. Ihre Leichen wurden zwanglos hinausgetragen. Laut Marx sind sie nur Materie, warum sollte man daher Aufhebens machen?

Unsere Köpfe wurden rasiert, wir füllten Formulare aus, man nahm Fingerabdrücke von uns und gab uns Häftlingskleidung. Nach drei Monaten Verhör auf Kuba wurden wir jetzt ins Gefängnis weitergereicht. Kein Rechtsanwalt, kein Prozeß, keine Briefe. Ich erinnerte mich, wie Kapitän Santos gelacht hatte, als ich ihn über internationales Recht befragte. »Das ist Kuba. Kuba! Wir sind das Gesetz. Wir respektieren kein internationales Recht.« Von Gebäude drei auf Gebäude eins verlegt, verließen wir die »Lancheros«. Ich sollte sie unter tragischen Umständen wiedersehen.

Neben dem Gefängnisgebäude sahen wir die Fabrik, in der Stahl- und Betonteile für weitere Gefängnisse hergestellt werden. Diese Arbeit wird von Gefangenen verrichtet, eine Art Perpetuum mobile, mehr Sklaven zum Bau weiterer Gefängnisse für mehr Sklaven. Wir konnten sehen, wie auf den Hügeln um uns herum riesige neue Gefängniskomplexe errichtet wurden. Die langgezogene Fabrik ist auf dem Foto links vom Gefängnis zu sehen. Jeden Morgen und Abend treten lange, graue Reihen erschöpfter Menschen vor Gebäude eins an und marschieren wie ein großer grauer Tausendfüßler zur Fabrik, wobei ihre zahllosen sich bewegenden Beine fast hypnotische Wirkung haben. Wir kamen in den internationalen Flügel und trafen Amerikaner, Franzosen, Afrikaner, Holländer, Kolumbianer und Engländer. Einige waren wegen allgemeiner Vergehen in Haft, manchen waren ihre Boote oder Flugzeuge beschlagnahmt worden. Andere waren dort, weil sie Meinungen vertreten hatten, die von denen des Staates abwichen.

Ich war zunächst erstaunt über die Sauberkeit und das nette Äußere des Gefängnisses mit Basketballplätzen im Freien, Besucherzentrum und Krankenhaus. Vielleicht hatte dieses System doch noch ein paar menschliche Züge. Das war außen. Im Innern war das Gebäude eine Kakerlakenstadt. Hunderte von großen Ratten gingen wild in dem Gebäude aus und ein. Siebenhundert Fälle von Geschlechtskrankheiten gab es allein in unserer Anlage. Die Ärzte, selbst Gefangene, berichteten mir von der Seuche. Die Weltgesundheitsorganisation (WHO) teilte jedoch mit, daß es auf Kuba nur 36 Fälle gäbe. Leichtgläubige Offizielle anderer Länder loben Fidel und seine großen medizinischen Fort-

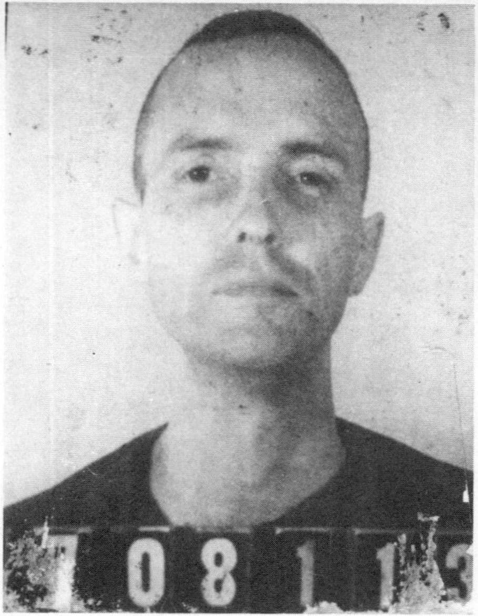

Gefängnis Combinado del Este
1. *Fabrik, in der Gefangene Baumaterial für neue Haftanstalten herstellen.*
2. *Hauptverwaltung des Gefängnisses.*
3. *Zwei Blocks der Gefängniszellen. Hier wurden die Amerikaner gefangengehalten.*

Dieses offizielle Gefängnisphoto von Tom White wurde mehrere Monate vor seiner Freilassung herausgeschmuggelt.

schritte, aber niemand fragt, woher die WHO ihre Zahlen bezogen oder wer sie freigegeben hat. Der Gesundheitsminister auf Kuba ist auch Erziehungsminister, Kultusminister und Oberbefehlshaber der Armee –. Fidel Castro.

In den folgenden Monaten erfuhren wir außerdem, daß Combinado del Este ein »Repräsentationsgefängnis« ist. Alle ausländischen Delegationen, die daran interessiert sind, das Gefängniswesen zu sehen, werden in Touristenbussen durch die Straßen gefahren. Häftlinge im speziellen Basketball-Dress spielen im Freien. Sämtlichen politischen Gefangenen oder anderen, die als laut gelten, werden Krankenhausbesuche oder Bewegung verweigert, wenn die Busse langsam für die große Show vorbeifahren. Sobald die Delegationen wieder weg sind, ist auch die Basketballvorstellung beendet.

Eine Reporterin war einmal auf unserem Stockwerk, aber wir durften nicht mit ihr sprechen. Stunden vor ihrer Ankunft wurde das Lager mit einer großen Dosis Insektenvertilgungsmittel besprüht. Solschenizyn erzählt eine Anekdote über Eleanor Roosevelts ähnlichen Besuch in einem sowjetischen Modellgefängnis. Die Umstände und die Irreführung haben sich nicht geändert.

Die Kommunisten haben durch gründliches Studium gelernt, daß der Großteil des Westens seiner Täuschung glauben will. Es ist unangenehm, das Negative zu glauben und bequem, das Positive in die Arme zu schließen. Und so setzen sie sich gerne eine sorgsam geplante und kunstvoll entworfene kosmetische Maske auf. Die Erklärung, »man kann nicht ständig alle Menschen zum Narren halten«, bezieht sich auf die Einheimischen, aber nicht auf die Besucher des Landes. Mit den religiösen Delegationen und Studiengruppen, die nach Kuba kommen, wird im großen und ganzen gemäß unserem »Mangovorfall« verfahren.

An unserem ersten Tag bei den Amerikanern trafen wir Glen Akam. Glens Flugzeug war zwei Jahre zuvor auf Kuba abgestürzt. Ich war freudig erregt, als ich bemerkte, daß er christliche Literatur bei sich hatte; ich begann sie begierig zu lesen, indem ich sie dicht vors Gesicht hielt. Wann würde ich eine neue Brille bekommen? Christliche Literatur bei Kubanern wurde beim Auffinden beschlagnahmt. Eine Zeitlang durften wir Ausländer frei lesen. Als ich die Evangeliumstraktate und Broschüren mit Freude und Hunger las, erkannte ich erneut, was es bedeutet, diese Nahrung nicht zu bekommen.

Wir erfuhren, daß mehrere kubanische Christen und politische Gefangene auf dem vierten Stock lebten. Eines Morgens hörte ich sie singen, dreißig oder vierzig Männerstimmen, die gewaltig die elende Gefängnisatmosphäre durchdrangen. Sie sangen von Sieg, Liebe und Hoffnung – von Jesus. Ich wollte sofort in den vierten Stock hinaufgehen. Meine Brüder waren dort, meine Familie. Ich hatte gehört, daß dort ein Pfarrer bei anderen Gläubigen sei.

Mel und ich hatten im Treppenhaus von Everett Jackson gehört, einem Amerikaner, der oben mit einigen von ihnen lebte. »Hei, Pilger, die Jungs hier oben wollen euch wirklich kennenlernen«, rief Everett zu uns herunter. Wir fragten uns, woher sie wußten, daß wir nach Kuba gekommen waren. Sie schienen alles über unsere Literatur und unsere Flüge zu wissen.

Es gab einen Aufzug, der das Essen in die oberen Stockwerke beförderte und Müll herunterbrachte. Ich schlich mich hinein und versuchte, auf dem Fett und Schmutz nicht auszurutschen. Die Gefängnisbediensteten schlossen das Gitter, nachdem ich mich geduckt und hinter den Fässern versteckt hatte. Der Aufzug ging knarrend nach oben, um im vierten Stock anzuhalten.

»Es ist der Amerikaner!« rief einer, als er mir beim Aussteigen behilflich war. Gefangene verrichteten die ganze Arbeit. »Schnell, stell dich da drüben hin.«

Ich stand an der Wand, während er nach dem Wärter Ausschau hielt.

»Du kannst so nicht mehr heraufkommen!« sagte er vorsichtig.

»Warum nicht?« gab ich zurück.

»Das Seil ist zweimal gebrochen; du könntest ums Leben kommen! Wenn es für einen weiteren Besuch Zeit ist, werden wir einen Weg finden, dich herzubringen.«

Ich drehte mich um und beobachtete, wie der quietschende Aufzug den langen Schacht hinunterging. »Weißt du, wo die Zelle von Pfarrer Noble ist?« fragte ich.

Sie schmunzelten alle. Lara, Tony, Luis, Leon . . . sie alle lebten jetzt schon seit fast zwanzig Jahren mit Noble im Gefängnis. Ja, sie wußten, wo er zu finden war.

Stets waren Wärter da, aber mit stummen Handzeichen und an bestimmten Stellen postierten Gefangenen konnte ich mich in der Regel ungeniert umherbewegen. Ich betete, als ich an bestimmten Kontrollpunkten vorbeirannte, bis ich meinen Bruder traf, einen klei-

Noble Alexander vor seiner Haft im Jahr 1962.

Gefängnis-Skizze, gezeichnet im Dezember 1975. Diese wurde zu seiner Familie geschmuggelt. Er selbst ist noch in Gefangenschaft.

nen, muskulösen schwarzen Mann mit einem Lächeln wie der Sonnenschein — Pfarrer Noble Alexander. Noble war verhaftet worden, weil er in Matanzas über die Erbsünde gepredigt hatte.

Die Kommunisten nahmen an dieser Predigt Anstoß und erklärten, daß dies darauf schließen lasse, daß auch sie Sünder seien. Noble ist ein ungewöhnlicher Pfarrer. Er hat Hände wie aus Stahl und dicke Finger, aber er kann aus einem Bettlaken mit so feinen Stichen ein Hemd nähen, daß sie fast unsichtbar sind. Sein Rücken trägt Narben von Gewehrkugelsplittern und Betonteilchen. Während seiner Zeit im Gefängnis La Cabaña hatte er einen Gebetskreis gegründet. Die Wachtposten pflegten mitten in den Kreis zu schießen, um den Gottesdienst zu unterbrechen. Die meisten Männer regten sich nicht, sondern sangen und beteten weiter, während sich das Schrapnell in ihre Haut bohrte.

»Manchmal brach einer von uns aus dem Kreis aus und rannte davon«, lachte Noble, »aber er pflegte zurückzukommen. Sie schlugen und schlugen uns.« Er lächelte, als ob er sich über einen privaten Scherz freue. Ich lernte, daß es überhaupt kein Scherz war — es war persönliche Freude. Mag Nobles Rücken auch vernarbt sein, sein Geist ist es nicht! Er gibt die Hälfte seiner Essensration an die älteren oder schwächeren Gefangenen ab.

»Warum werden wir Pilger genannt, wie hat man von unserer Literatur erfahren?« fragte ich Noble eines Tages.

»Wir haben eure Traktate gelesen«, erklärte er glücklich. »In der ersten Juniwoche wurden uns etliche ins Gefängnis gebracht. Wir alle lasen sie.«

Die erste Juniwoche war nur ein paar Tage nach unserem Absturz in Manzanillo. Die Literatur wurde in der Provinz Camaguey mehr als zweihundert Meilen (ca. 370 km) vom Gefängnis entfernt abgeworfen! Wenn sie über eine so weite Entfernung in das Gefängnis geschmuggelt wurde, wie nahm man sie dann in den Städten auf, wo wir sie abgeworfen hatten? Wir sollten noch mehr erfahren. Wir waren auf Kuba, um zu lernen. Wir waren in Gottes Schule.

Noble lehrte mich weit mehr, nicht mit Worten, sondern mit seinem von Freude durchdrungenen Opferbeispiel. Während seiner 18 Haftjahre sind er und andere Christen in die reiche, lohnende Schule des Leidens aufgenommen worden. Der Apostel Paulus spricht in Philipper 3, 10 von »der Gemeinschaft Seiner Leiden«. Leiden, Martyrium, Schmerz und Unterdrückung unter der Bruderschaft sind Kurse, die in theologischen Schulen nie gegeben werden. Gott selbst hält diese Unterrichtsstunden; Er lädt uns gütig zu deren Besuch ein, zwingt uns jedoch nie. Wenn wir sie meiden, versäumen wir eine unschätzbare Gemeinschaft und entscheiden uns für einen billigen, bequemen Ersatz.

Aufgrund von Gefängnisgerüchten, die nach draußen drangen, und weiterer Nachforschungen Washingtons erfuhren US-Beamte in Havanna, daß wir in Combinado del Este gefangengehalten wurden. Appelle wurden an die kubanische Regierung gerichtet, man möge uns Besuchserlaubnis erteilen.

Im September erhielt ich einen dreistündigen Besuch von meinen Eltern. Mutter brachte mir eine Brille mit, obwohl sie nichts Genaues wußte, sondern lediglich vermutete, daß ich sie gebrauchen könnte. Wieder hatte der Heilige Geist die Dinge geordnet. Ofelia und den Kindern ging es gut. Sie war ruhig und still und vertraute auf den Herrn. Einmal im Monat bekamen wir von der US-Interessenabteilung Besuch, der zwanzig Minuten dauerte. So war die Nachricht heraus. Man wußte von unserem Aufenthaltsort. Mehr als 100 offizielle Anfragen waren in unserer Sache an das Außenministerium gerichtet worden.

IX

Als Konterrevolutionär für Christus

Am 25. Oktober wurden wir endlich vor Gericht gestellt — fünf Monate nach unserem Absturz. Im Rechtssystem Kubas gibt es kaum einen Zeitbegriff. In den Gesetzbüchern wird der Prozeß vor Ablauf von 180 Hafttagen erwähnt. Wir trafen Amerikaner und Hunderte von Kubanern, die jahrelang auf ihren Gerichtstag gewartet hatten.

In einem russischen Gefängnisauto trafen wir im Geschäftsviertel Havannas ein und wurden in den Gerichtssaal geführt. Die Tatsache, daß ich im Fernsehstudio ein paar schwache Minuten gehabt hatte, plagte mich. Jetzt war eine weitere Prüfung gekommen. Kann ein Christ sich im Glauben bewegen und sich dennoch ängstlich »fühlen«? Paul Tournier hat geschrieben: »Das abenteuerliche Leben ist nicht ein von Furcht befreites Leben, sondern im Gegenteil eines, das im vollen Bewußtsein um die Ängste aller Art gelebt wird, eines, in dem wir trotz unserer Ängste vorwärtsgehen.« (Zitiert von Janice Barfield, »You Can Fly«, Grand Rapids: Zondervan, 1981.)

Würde ich diese Prüfung bestehen? Als man uns auf einer langen Bank vorn im Saal Platz nehmen ließ, fühlte ich eine Woge der Macht. Ohne Rücksicht auf die Folgen, beschloß ich, die Worte, die Gott mir eingeben würde, mutig auszusprechen. Unsere Rechtsanwältin, die wir nie zuvor gesehen hatten, ging zu Kapitän Santos hinüber und zog seine Krawatte und seinen Mantel glatt.

»Antonio! Wie geht es dir? Du siehst wirklich gut aus!» begrüßte sie ihn liebevoll.

Ein Wachtposten hielt uns ein russisches AKM-Angriffsgewehr an den Rücken. Ich war von diesem Umstand nicht allzusehr erstaunt. Viele meiner christlichen Freunde aus Rumänien, Bulgarien und Rußland hatten ähnliche schwere Prüfungen beschrieben. Die Prozesse waren nur Scheinprozesse, die zuvor von den Sicherheitsorganen veranlaßt worden waren.

Fünf Richter in schwarzen Roben betraten den Saal. Wir saßen da und unsere Rechtsanwältin verteidigte uns. Ihre Vernehmung bestand aus vier Fragen: »Wie alt sind Sie? Sind Sie verheiratet? Haben Sie Kinder? Was sind Sie von Beruf?« – Das war unsere Verteidigung! Anschließend trat Kapitän Santos vor, um seine Geschichte darzubieten. Mit ausladender Geste zog er meine alten Flugzeugscheine und Papiere aus der Tasche. Er stand knapp links von uns und drehte sich von Zeit zu Zeit um, indem er dramatisch in unsere Richtung deutete.

»Sieben Jahre in unseren Luftraum eingedrungen«, rief er. Kein einziges Mal erwähnte er Christus oder Religion, sondern machte geltend, daß wir als »Konterrevolutionäre« geflogen seien.

»1973 ... Bootsreise ... Tausende von Broschüren ...», deklamierte er mit hoher Stimme weiter. Der Wachtposten mit dem Gewehr hinter uns brachte verschiedene Äußerungen des Erstaunens zum Ausdruck. Dies war für ihn ein richtiges Spektakel, eine persönliche Verfilmung, in der die Amerikaner gezeigt wurden, die »die Stabilität und Sicherheit des Staates bedrohten«.

Ich hatte das überaus starke Gefühl, daß Santos nicht Darsteller, sondern Leiter des Prozesses war, welcher einen ideologischen Knüppel hinter dem Rücken schwang. Der Gerichtssaal gehörte ihm. Die Richter gehörten ihm. Er war Vorkämpfer des heiligen marxistischen Glaubens.

Santos beanspruchte die meiste Zeit. Zwei der fünf Richter schliefen. Nur einer in der Mitte schien wirklich aufmerksam zuzuhören. Jetzt wollte uns der Staatsanwalt Fragen stellen. Ich wurde zuerst aufgerufen. Ich trat vor und stand mit einem Dolmetscher an meiner Seite vor ihm. Ich beachtete ihn die meiste Zeit gar nicht, sondern tauschte direkt mit dem Staatsanwalt auf Spanisch scharfe Bemerkungen aus.

»Das Abwerfen von Literatur war kein Versuch, die Regierung zu stürzen, sondern die Überbringung des Lebens nach dem Tode«, erklärte ich.

»Woher wissen Sie, daß es ein Leben nach dem Tode gibt?« fragte er spöttisch.

»Wir können es nicht sehen, aber wir glauben es aufgrund unseres Glaubens. Eines Tages werden wir alle die Antwort wissen.« Ich blickte ihm gerade in die Augen und und fügte dann hinzu: »Auch Sie!«

Er schob seine Brille die Nase hinauf. »Erkennen Sie nicht, daß Sie beide die einzigen Fanatiker in diesem Gerichtssaal sind, die so denken?« höhnte er.

»Nicht in Wirklichkeit«, gab ich zurück. »Es sind Tausende in diesem Raum, die jetzt hier stehen und glauben wie wir.«

In gespielter Überraschung schaute er sich nach den Tausenden im Saal um.

»Die Engel und Heiligen sind in diesem Raum, Gott ist hier. Es sind viele Zeugen hier«, vertrat ich meinen Standpunkt weiter.

Unsere Rechtsanwältin wirkte nervös und bekümmert. Sie begann mit gesenktem Kopf an ihrem Nagellack zu kratzen und wagte kaum, aufzusehen. Sie tat mir leid.

»Was ist ein Heiliger? Ich habe noch nie einen gesehen«, fuhr der Staatsanwalt sarkastisch fort, in der Hoffnung mich durcheinanderzubringen.

»Sie haben einen vor sich.«

Sein Mund klappte auf und er lehnte sich in seinen Stuhl zurück. »Wissen Sie,«, warf ich ein, »wenn jemand an Jesus Christus glaubt, nennt ihn die Bibel einen Heiligen.«

Während meiner Diskussion mit ihm bemerkte ich, daß er ein Schriftstück in der Hand hielt. Es schien eines von denen zu sein, die wir abgeworfen hatten. Keiner der Richter hatte ein Exemplar, auch unsere Anwältin nicht. Da ich dachte, daß es bei dieser Pappmachézeremonie (Scheinprozess) vielleicht zumindest ein Funke von Gerechtigkeit gäbe, trat ich auf ihn zu, um das Beweisstück des Gerichts sehen zu können.

Es war unsere Literatur, aber sie war photographisch verkleinert worden. Er konnte nur ein Bild sehen und den Titel lesen. Die Buchstaben waren zu klein zum Lesen. Ich war dankbar, daß ich zu diesem Zeitpunkt endlich wieder eine Brille hatte. Dieses atheistische System war so erschreckt von den Worten eines Gottes, an den sie nicht glaubten, daß sie das einzige Beweisstück unseres »Verbrechens« nicht einmal den Gerichtsbeamten gaben.

»Welche Art von Flügen unternahmen Sie in Vietnam?« fragte der Staatsanwalt Mel.

»Ich war Hubschraubertestpilot«, ließ Mel über den Dolmetscher antworten.

»Wir haben aber herausgefunden, daß Sie Pilotenausbilder waren; sie lehrten andere, zu töten, in den Kampf zu ziehen«, argumentierte Santos triumphierend.

Ich erhob mich halb von meiner Bank.

»Das ist eine Lüge. Er wurde nicht ausgebildet, um zu töten!« rief ich wütend, wurde aber niedergeschrien.

Mel erzählte mir später, daß die Bezeichnung Pilotenausbilder irrtümlich in den Computer beim Pentagon in Washington eingegeben worden sei. Er hatte vergeblich versucht, dies berichtigen zu lassen. Woher wußte ein kommunistisches Gericht in Havanna, daß er als Pilotenausbilder in einem Computer des Pentagons gespeichert war? Ein haarsträubender Gedanke!

»Wie sind Sie zu diesem Flug gekommen? Wurden Sie bezahlt?« fragte Santos wütend.

»Gott hat mich auf diese Reise geschickt.« Mels Stimme klang ruhig.

»Gott?« lächelte der Staatsanwalt zynisch. Daraufhin ergoß sich ein Wortschwall von Santos auf Mel. »Auch Sie sind ein Fanatiker!«

In den nächsten paar Minuten tobte der Staatsanwalt über die Aggression in Vietnam und Chile und über den CIA. Nach unserem strengen Verhör verließen wir den Saal und fragten uns, ob irgendjemand wirklich wußte, warum wir vor Gericht gestellt wurden. Ed Beffel vom

US-Außenministerium war da und machte Notizen. Wir wußten nichts von seiner Anwesenheit, und wir durften auch nicht mit ihm sprechen. Er berichtete Mel später, daß ihn das Geschehen an den Scopes-Affenprozeß insofern erinnert habe, als es ein Gerichtsverfahren war, in den Glaube und Glaubensunterschiede verwickelt waren.

Der Staatsanwalt forderte ursprünglich eine Haftstrafe zwischen drei und zwölf Jahren gemäß Paragraph 1262 des Sozialen Verteidigungsgesetzbuches aus dem Jahre 1974. Das Strafgesetzbuch sieht für das Verbreiten oder den bloßen Besitz von mündlicher oder schriftlicher Propaganda »gegen die sozialistische Ordnung, die internationale Solidarität oder den revolutionären Staat« Strafen zwischen drei und zwölf Jahren Freiheitsentzug vor.

Mit anderen Worten: Wenn etwas, was man schreibt oder sogar sagt, von der G-2-Interpretation abweicht, kann und wird man ins Gefängnis wandern.

In einem anderen Paragraphen des Gesetzbuches heißt es: die Verbreitung von »Falschnachrichten oder böswilligen Vorhersagen, die darauf abzielen, im Volk Alarm zu schlagen oder Unzufriedenheit zu stiften« wird mit zwischen einem und vier Jahren Freiheitsentzug oder zwischen sechs und fünfzehn Jahren bestraft, wenn die Verbreitung über die Massenmedien erfolgt. Gemäß ihrem eigenen Gesetz betrug die Höchststrafe, die wir bekommen würden, selbst wenn man die Absichten unserer christlichen Literatur verdrehte, fünfzehn Jahre. Man gab uns vierundzwanzig. Bei unserer Verurteilung – über sie wurden wir erst später im Gefängnis benachrichtigt – hatte das Gericht beschlossen, die

Bestimmung 425 aus dem Jahre 1959 anzuwenden, die sich mit konterrevolutionären Aktivitäten befaßte; sie sah Strafen vor, die von zwanzig Jahren Gefängnis bis zur Todesstrafe reichten. Wir wurden somit zu zwanzig Jahren Haft für »konterrevolutionäre Aktivitäten« sowie zu weiteren vier Jahren wegen illegalen Eindringens verurteilt. Obwohl der Überflug legal war, war es unser gefährlicher Absturz auf der kubanischen Küste nicht.

Wir standen im Gefängnisbüro im ersten Stock und sahen die viele Seiten umfassenden Gerichtsakten an. Mehrere Anklageschriften wurden uns vorgelegt. Zweieinhalb Jahrzehnte Gefängnis? Ich fühlte mich geehrt. Würde mich Gott in einer so schönen Schule so lange behalten? Wir gingen wieder nach oben und berichteten es unseren christlichen Freunden. Sie umarmten uns und behandelten uns wie Könige.

Später erwähnte Wayne Smith, Leiter der US-Interessenabteilung auf Kuba, auf einer Konferenz im Gefängnis, daß unsere Fälle sämtliche Gerichte umgangen hätten und in die Hand des Ministerrates gelangt seien. Dieser besteht aus Fidel Castro, seinem Bruder Raul und zwei oder drei Ja-Sagern.

»Der Rat ließ mich wissen, daß Sie auf Kuba unter außergewöhnlichen Umständen gefangengehalten werden«, sagte er zu uns.

Das war keine Überraschung. Während unserer Gefängniszeit trafen wir viele unter denselben »Umständen«. Das Außergewöhnliche war gewöhnlich geworden. Gesetze werden auf Kuba nur als Teil der kommunistischen Täuschung und Lüge gedruckt. Der G-2-Apparat ist Gesetz. Nach der neuen kubanischen Verfassung aus dem Jahre 1976 hätten wir innerhalb von zwanzig Tagen nach unserer Festnahme eine Gerichtsverhandlung bekommen sollen. Gemäß den kubanischen internationalen Vereinbarungen dürfen Gefangene während ihrer Haftzeit keiner »erniedrigenden Behandlung« unterworfen werden. Wenn ich darüber nachdachte, konnte ich den Tag nicht vergessen, an dem ich mit der Kapuze über dem Kopf in ein Pissoir gesteckt worden war.

An dieser Stelle mögen manche behaupten, daß die kubanische Verfassung Religionsfreiheit garantiere. Wenn man eine genauere Untersuchung anstellt, findet man viele Winkelzüge. In Artikel 61 der Verfassung gibt es eine der tyrannischen Rumpelkammern: »Keine der Freiheiten, die den Bürgern zuerkannt werden, darf im Gegensatz zu dem ausgeübt werden, was in Verfassung und Gesetz steht, oder der Existenz und Zielsetzung des sozialistischen Staates oder der Entscheidung des kubanischen Volkes, den Sozialismus und Kommunismus aufzubauen, entgegensteht.« Die Marxisten sagen: »Ihr Christen sollt ein Öl schaffen, das sich mit unserem Wasser vermischt!« Etliche marxistische Pastoren und einige liberale Christen versuchen, das zu tun, indem sie das Öl des Heiligen Geistes gegen das der Philosophie und des Dialogs, das Öl der Diskussion, eintauschen.

Der Artikel 54 der Verfassung, der Religionsfreiheit erwähnt, wird von folgender Erklärung eingeleitet: »Der sozialistische Staat ... stützt seine Tätigkeit und erzieht das Volk im wissenschaftlich-materialistischen Konzept des Universums.« – Siehe meine merkwürdige Diskussion mit dem Staatsanwalt zum Thema Leben nach dem

Tod. Selbst das war ein politisches Schlachtfeld für ihn.

Wir wurden nach Combinado zurückgebracht, um die »verbale Bücherei« des Gefängnisses zu genießen. Wie in der alten Geschichte und bei Analphabetengruppen dienen, wenn keine gedruckte Literatur zur Verfügung steht, menschliche Erfahrung, Zeugnis und Erinnerung als ein reiches Lehrfeld. Rudolfo Camps, der zehn Jahre im Gefängnis saß, erzählte mir, wie er eines Nachts in einem Boot mit einem Rennrad an Bord zurückkehrte. Rudi radelte dann nach Havanna, um seine Verlobte zu holen. Er wurde festgenommen und verbrachte viele Jahre in Arbeitslagern und Gefängnissen.

In einem Lager namens Taco Taco schnitt er gerade Zuckerrohr, als ein Stier in den Kreis der Gefangenen kam. Das Tier wurde getötet, rasch in Stücke zerhackt, und das rohe Fleisch wurde in den Hemden der hungernden Männer ins Lager getragen. Die Knochen wurden vergraben. Beim Pflanzen von Zuckerrohr pflegten die Häftlingssklaven die Wurzeln zu essen, ehe sie das junge Zuckerrohr in die Erde steckten. Später war die Obrigkeit über die breiten Streifen mit abgestorbenem gelbem Zuckerrohr verärgert, die sich durch die grünen Felder zogen.

In Polen und Rumänien erzählt man sich etliche Witze über Warteschlangen, die für Brot und Fleisch anstehen. Kuba kennt auch einen Ernährungswitz: Fidel Castro schickte einen Agenten nach Miami, der beobachten sollte, wie die Amerikaner essen. Er hielt sich eine Woche in einem teuren Hotel auf, ehe er nach Havanna zurückkehrte.

»Sie haben recht gehabt, Kommandant«, berichtete der Agent voller Freude. »Die Lage dort ist schrecklich!

Ich ging ins beste Lokal und bestellte Maisbrei. Den gab es nicht. Ich fragte die Bedienung nach altem russischen Rindfleisch. Keines. ›Gibt es wenigstens eine alte Erbsensuppe?‹ — ›Tut mir leid, das haben wir nicht.‹ Da wurde ich wütend und fragte sie erbittert: ›Was haben Sie dann eigentlich hier?‹ Sie zeigte mir die Speisekarte und deutete auf Hummer, Steaks und Hühnerfleisch. Es war unglaublich! Ich sagte zu ihr: ›Du liebe Güte, lebt ihr hier hinter dem Mond! Das haben wir auf Kuba vor zwanzig Jahren gegessen!‹«

Die meisten Hummer und andere derartige Luxus-Nahrungsmittel, die von sowjetisch-kubanischen Fischereischiffen gefangen werden, werden in Küstennähe verarbeitet und gelangen nie auf die Insel, außer in die Touristenhotels. Die besten Grapefruits und die meisten Mangos werden nach Kanada verschifft.

Ein ruhiger alter Mann mit schneeweißem Haar wurde mir als Andres Vargas Gomez vorgestellt. Gomez ist der Enkel von Maximo Gomez, dem kubanischen Patrioten. Andres las das Buch von Thomas a Kempis »Nachfolge Christi«. Er, ein Schriftsteller und Rechtsanwalt, lebt seit über zwanzig Jahren im Gefängnis. Andres ist 65 Jahre alt, hat nur noch eine Niere und klagt über Asthma und andere körperliche Beschwerden. Aber trotz allem schickte er mir viele Male, wenn ich krank war, die wenigen Eier, die er hatte bekommen können. Während meiner siebzehn Monate mit ihm sah ich ihn nie mit wütender oder verbitterter Miene oder hörte Haß in seiner Stimme. Er ist ein weicher, sensibler Mann, der lebt und wartet. Andres hat einen lebendigen, persönlichen Glauben an Christus. Er leitet die katholischen Gottesdienste, die, wenn möglich, in einer der Zellen gehalten werden. Noble leitet die protestantischen Gottesdienste.

Die Gottesdienste werden Rücken an Rücken gehalten. Die meisten der dreißig oder vierzig Männer, die sich in dem Raum zusammendrängen können, besuchen beide Gottesdienste. Die Liebe Christi und der Hunger nach geistlicher Nahrung in dieser elenden Umgebung arbeiten darauf hin, sie trotz starker doktrinärer Unterschiede auf vielerlei Art zusammenzubringen.

An vielen Sonntagmorgen gelang es mir, in ihren Bereich zu schleichen. In Johannes 8, 59 lese ich, daß sich Jesus inmitten von Verfolgung verbergen mußte. Er tat das viele Male, da Er danach trachtete, Seinen Dienst zu erfüllen. Jesus verbirgt sich auch noch heute. Der lebendige Jesus in den Herzen von Christen in der ganzen Welt hilft ihnen immer noch, sich, wenn notwendig, zu verstecken.

Als ich Noble beim Vorbereiten der »Kanzel« half — ein mit einem Bettlaken gedeckter Tisch — stürzte ein Wärter namens Pedro auf der Suche nach mir in den Raum. Er hatte mich vorbeigehen sehen. Die Männer legten mich rasch in die oberste Schlafkoje und deckten mich mit einem Tuch zu. In dieser Galere von 65 Personen, viele von ihnen waren alt, krank, gelähmt und bettlägrig, lag ich totengleich mit verhülltem Kopf wie einer von ihnen da.

»Also, wo ist er? Wo ist der Amerikaner?« tobte Pedro. »Ich weiß, daß ihr ihn hier habt.«

Die Männer sprachen wenig und scherzten einen Augenblick mit ihm. Der Raum voller Gefangener funktionierte als eine Einheit, eine Familie, als Brüder. Pedro stürmte hinaus, ohne bemerkt zu haben, daß seine

Hand auf meinem Bett gelegen hatte, als er sich in dem Raum umschaute. Ein weiteres Mal konnte der Herr Jesus sich verbergen, und ich fühlte mich geehrt, daß Er mich auf so wunderbare Weise beschützt hatte.

Der Pfarrer drapierte geduldig das Bettuch, steckte es genau fest, löste es wieder und ordnete es in einem Werk der Liebe neu an. Seine ruhigen gelassenen Bewegungen in diesen Augenblicken sprachen für mich Bände von Predigten. Er war ja schließlich auf geheime Weise von Geistlichen ordiniert worden, die andere Familienmitglieder besuchten. Sie hatten sich rasch in der großen Besucherhalle versammelt – außer Sichtweite der Wachtposten — und gebetet, während sie Noble die Hand auflegten. Dies erinnerte mich an Davids geheime Ordination durch Samuel in 1. Samuel 16.

Die Männer standen an der Wand. Ihre Gesangbücher waren auf wunderbare Art und Weise hergestellt worden, auf Zigarettenpapier mit einer zwanzig Jahre alten Feder und selbstgemachter Tinte vervielfältigt. Die schönen Zeilen und Buchstaben waren liebevolle Kunstwerke — Liebesbriefe an Gott. Es war Nobles Handschrift. Er hatte Hunderte von Stunden damit verbracht, Kirchenlieder und Gedichte abzuschreiben. Auch diese würden bald beschlagnahmt werden. Doch wenn die Worte ins Herz geschrieben sind, ist der Schatz an einem sicheren Ort.

*Kirchenlieder,
auf kubanischem
Zigarettenpapier
geschrieben.*

Das Singen begann; mächtige Wogen der Liebe und des Sieges entströmten vielen Kehlen. Der wundersame Klang ergoß sich über mich. Tränen traten mir in die Augen. Ich stand hier auf wunderbare Weise in einem Kreis der Liebe und des Erbarmens, eine kleine Kerze inmitten einer großen, brutalen Dunkelheit. Der Eindruck, der am meisten mein Herz ansprach, waren Macht und Sieg. Es lag eine sichtbare, greifbare Macht in den Gesichtern dieser Männer und in ihren Stimmen. Ich sah Machetennarben auf ihren Armen. Sie hatten Herzbeschwerden und Arthritis; einige waren behindert. Sie besaßen kaum materielle Besitztümer. In den Augen der meisten Menschen hatten sie nichts. — Und doch hatten sie alles!

Noble predigte in einem besonders sauberen weißen Hemd, das er aus einem Bettlaken geschneidert hatte. Mit ruhiger, friedfertiger Stimme und mit seinem stets leuchtenden Lächeln pflegte er von Jesus, dem Friedensfürst, Jesus, dem Erlöser und König zu sprechen. Die Männer baten um Fürbitte für ihre Familien und für ihre Insel. Wenige baten um Fürbitte für sich selbst. Sie senkten den Kopf und beteten ... für die freie Welt, für Amerika, für Europa, für die Kommunisten. Delgado und Prado, die beide an schweren Herzkrankheiten litten, standen immer gemeinsam da. Klein Prado umarmte mich jedes Mal, wenn er mich sah. Er pflegte lächelnd zu sagen: »Bald gehen wir zusammen nach Miami!« Er ist, wie viele, seit zwanzig Jahren im Gefängnis. Beide haben von Präsident Truman für ihren Dienst in der amerikanischen Marine Dankesschreiben erhalten.

Eines Tages hatte der Leiter unseres Stockwerks,

Leutnant Calzada, gerade Dienst, als wir unseren Gottesdienst hielten. Er hatte damit geprahlt, ein Frauen- und Säuglingsmörder in Angola zu sein — alles, um die Revolution zu fördern. Zu unserer Überraschung stolzierte er arrogant in das Zimmer und verlangte, man solle sofort den Gottesdienst abbrechen. Einer der Christen zog ein Exemplar der *Granma,* der kubanischen kommunistischen Zeitung, hervor und zeigte ihm die Rückseite. Viele Abschnitte der *Granma* werden sorgfältig für den Export vorbereitet.

»Sehen Sie, sie haben hier eine Kirche abgebildet«, erklärte der Gläubige. »Es heißt, daß es auf Kuba Religionsfreiheit gäbe. Warum gehen Sie dann gegen das vor, was die Parteizeitung sagt?«

Der religiöse Artikel war die Antwort auf den Brief eines karibischen Fragestellers, der bezweifelte, daß es auf Kuba Religionsfreiheit gäbe. Die Granma ist eine so reiche Quelle an Fiktion und Lügen, daß eigens dafür ein Witz ins Leben gerufen worden ist: Napoleon, der französische Kaiser, hatte nach seiner betrüblichen Niederlage bei Waterloo eine Begegnung mit Weltführern von heute. Er sagte zu Breschnew:

»Wenn ich Ihre mächtige Rote Armee gehabt hätte, hätte ich die Engländer besiegen können.«

»Ja«, meinte der russische Führer, »das ist wahr.«

Napoleon wandte sich sodann an Präsident Reagan: »Wenn ich Ihre atomaren Mehrsprengköpfe gehabt hätte, wäre der Sieg bei Waterloo mein gewesen.« Reagan stimmte zu.

Daraufhin richtete Napoleon das Wort an Fidel Castro und sagte lächelnd: »Fidel, wenn ich deine Zeitung, die

Granma, gehabt hätte, hätte die Welt nie erfahren, daß ich die Schlacht bei Waterloo verloren habe.«

Leutnant Calzada wurde für einen Augenblick durch eine Lüge in die Ecke gestellt. Die Lüge in der Zeitung hatte ihm eine Falle gestellt. Er zog sich zurück, kam aber ein paar Wochen später wieder und beschlagnahmte alle Gesangbücher und andere religiöse Schriften. Hunderte von Stunden, in denen von Hand abgeschrieben worden war, waren verloren. Aber Gott schätzt unsere Liebe und unsere Bemühungen. Ich konnte ein paar Stunden bei Noble sitzen und ihm helfen, sie wieder abzuschreiben, Wort für Wort, Zeile für Zeile, Vers für Vers. Die alten Kirchenlieder, die ich viele Jahre gesungen hatte, begannen mir in einem neuen Licht zu erscheinen. Ihre Worte und ihre Botschaft prägten sich tiefer in mein Herz ein.

Die Leute fragen sich, wie viele Christen auf Kuba inhaftiert sind. In nur einem Flügel meines Gebäudes wußte ich von elf überzeugten Gläubigen verschiedener Konfessionen und von rund vierzig anderen, die sich dazu bekannten. Vierundzwanzig solcher Flügel gibt es in Combinado del Este. Combinado faßt 7000 Gefangene oder mehr. Kuba besitzt zwischen vierzig und fünfzig derartigen Institutionen mit schätzungsweise 300000 bis 450000 Insassen, rund fünf Prozent der Gesamtbevölkerung. Da religiöse Gefangene jetzt mit gewöhnlichen Kriminellen in eine Zelle gesteckt werden, ist es unmöglich, genau zu sagen, wieviele es gibt.

Mel und ich fühlten uns bei den kubanischen Gefangenen wohl. Mel war benachteiligt, da er noch kein Spanisch konnte, begann jedoch bei Major Montero Duque

Spanisch zu lernen. Vargas Gomez half mir. Mel und ich konnten in den kleinen Gottesdiensten predigen, die sie hielten. Wir begannen auch eigene Gottesdienste in einem internationalen Flügel zu halten. Wenn die Zellen für fünfzehn Minuten aufgeschlossen wurden, besuchten Afrikaner aus Tansania und Zaire, Kolumbianer, ein Bolivianer, ein Jamaikaner, einige Amerikaner und andere unsere kleine Zelle, um eine Zeitlang zu singen, zu beten und zu lernen.

Glen Akam half beim Abschreiben der Kirchenlieder und las aus der Heiligen Schrift; Mel gab häufig einige geistliche Gedanken dazu. Wir teilten alles. Die Heilige Schrift, mit der wir uns beschäftigten und über die wir diskutierten, war wie Penicillin- und Adrenalinspritzen. Der Heilige Geist benutzte sie, um uns Heilung und Stärkung zu bringen. Wir sprachen über christliches Leben und Verhalten, Josephs Unterwerfung gegenüber Gott als Gefangener, über Feindesliebe und über Vergebung.

Wir dachten, daß die Offiziellen dem nicht viel Beachtung schenken würden, bis Leutnant Carlos eines Tages an meiner Zelle vorbeiging, hereinschaute und sagte: »Nun Thomas, kämpfst du etwa noch immer mit deinem Neuen Testament?« Da sich Christen und Offizielle in der freien Welt nach unserer Gesundheit und Sicherheit erkundigten, wurden wir gewöhnlich allein gelassen. Bei Glen beschlagnahmte man bald seine religiösen Schriften, aber man erlaubte uns, unsere Bibeln zu behalten, die zu einem früheren Zeitpunkt während einer Entspannungsperiode zwischen mehreren Zeitungen eingeschmuggelt worden waren. Die Kubaner und andere hatten nicht soviel Glück. Der Bolivianer wurde zu einem Besuch seines Vaters, eines Kommunisten, der in Nicaragua lebte, aus dem Gebäude gerufen. Leutnant Carlos und sein Vater sagten zu ihm: »Wenn du weiterhin diese Kirchenzusammenkünfte besuchst, wirst du deine ganze 12jährige Haftstrafe hier verbüßen. Wenn du umkehrst und Revolutionär wirst, lassen wir dich in einem Jahr gehen.« Jegliche Religion, einschließlich der Begegnung des Bolivianers mit Christus, stellte für sie eine politisch-wirtschaftliche Gefahr dar. Lenin hat gesagt: »Kommunismus ohne Atheismus ist sinnlos.« Die Volkswirtschaft des kommunistischen Staates hängt vom festen und koordinierten Gehorsam ab. Der marxistische Materialismus, ein atheistischer Gott, lenkt die Massen bei ihrer Ameisenaufgabe, den laufenden Wirtschaftsplan ohne Unterbrechung durch Gottesdienste zu erfüllen. Sie haben kein persönliches Schicksal. Es existiert nur ein großes geistloses Kollektiv. Lenin wußte, daß eine Koexistenz zwischen dem marxistischen Gott und Gott unmöglich ist. Der Bruder des jungen Bolivianers hatte mit Che Guevara, dem kubanischen Guerillakämpfer, gekämpft. Seine Familie kam nach Kuba, wo er sich an der Universität immatrikulierte und die wahre Revolution erlebte: spezielle Geschäfte nur für kommunistische Parteimitglieder und Touristen sowie für die zweiprozentige Elitehierarchie von Polizisten und Funktionären, die um vieles besser lebten als die allgemeine Bevölkerung. Als er diese Ungleichheiten sah, erwähnte er das in einer Unterrichtsstunde. Jetzt lernte er, daß es nur bei Gefangenen Gleichheit gab, und in vielerlei Hinsicht mehr Freiheit. Hier konnte er frei reden. Auf der Straße konnte er das nicht.

Er besuchte nicht mehr die Gottesdienste, las aber weiterhin Bibelverse und kurze Mitteilungen. Ich bete, daß Gott ihn in diesem gewaltigen Konflikt stärken möge. Wie in vielen anderen Fällen, war seine Familie ihm zum Feind geworden. Jesus weissagt in Matthäus 10, 36: »Und des Menschen Feinde werden seine eigenen Hausgenossen sein.« Dasselbe traf auf Isidro zu, einen jungen kubanischen Burschen, der wegen seiner kleinen Gestalt »Knirps« genannt wurde. Er rannte hinauf, umarmte mich und begann das Vaterunser zu beten, das er auf Englisch zu lernen versuchte.

»Hei, Herr Religion«, pflegte er zu mir zu sagen, »wenn ich hier rauskomme, werde ich in Ihre Kirche gehen.« Isidro hatte Narben auf dem Rücken, da er von den Wachsoldaten mit dem Ventilatorriemen eines Autos geschlagen worden war. Sein Vater, ein Kommunist, besuchte ihn nie.

Während einer Bewegungsübung auf dem großen betonierten Innenhof (drei Stunden pro Woche) traf ich einen weiteren kubanischen Pfarrer, Pedro de Armas. Pedro ist Präsident der Sieben-Tage-Adventisten auf Ostkuba. Der Zeitpunkt ihres Jahrestreffens rückte näher. Der Staat wünschte nicht, daß Pedro der Hauptredner sei, da seine Kirche trotz Opposition im Wachsen begriffen war. Rechnungen wurden in der Möbelfabrik, in der Pedro arbeitete, gestohlen, und Pedro wurde der Unterschlagung beschuldigt. In den sechs Monaten Haft während des Treffens wurde er zutiefst erschreckt. Offiziell gibt es dort keine politischen oder religiösen Überzeugungen mehr, und so war Pedro in seiner Zelle Mördern, Räubern, Syphiliskranken und Homosexuellen ausgeliefert.

Vom Innenhof aus sagte ich ihm ermutigende Worte, als er vorsichtig in seiner Zelle nach vorne kam. Mit seinen sechzig Jahren, grauem Haar und dicker Brille spähte er mit einem Lächeln auf dem Gesicht heraus und redete rasch im Flüsterton, ehe der Gefängniswärter vorbeikam. Die Kriminellen behandelten ihn zeitweilig brutaler als die Wachtposten. Fast in jeder Nacht wurden Männer im homosexuellen Liebesdreieck und wegen Besitzstreitigkeiten umgebracht.

Nach sechsmonatigem Gefängnisaufenthalt wurde Pedro vor Gericht gestellt und für unschuldig befunden. Welch ein schönes System von Rechtmäßigkeit! Selbstverständlich fiel seine Freilassung mit der Zeit zusammen, in der das Kirchentreffen vorüber war. Diese »zufälligen Zusammentreffen« ereignen sich bei Menschen aller Konfessionen, sowohl bei Katholiken als auch bei Protestanten. Wenn religiöse Gruppen oder Menschenrechtsgruppen diese Dinge untersuchen, erklären ihnen kubanische Religions- und Regierungsbeamte, daß keine Christen im Gefängnis säßen. Die Lüge besteht darin, daß sie alle als Kriminelle eingestuft oder wegen eines zivilen Vergehens dorthin gebracht werden. Diese Zivilvergehen werden nie genau untersucht.

Hier nun eine andere Art von »Zivilvergehen«: Kubanische Staatsbürger müssen auf die Einhaltung von Feiertagen verzichten, wenn sie mit Arbeitstagen oder patriotischen Festen zusammenfallen. Kuba hat jetzt ein patriotisches Fest, das genau eine Woche dauert und an der der militärische Sieg bei der Schweinebucht gefeiert wird: »La Semana de Giron.« Diese Feier hat kraft Gesetzes Vorrang vor dem Osterfest — der Woche des triumphalen Einzugs, des Todes und der Auferstehung

Christi. Das Zusammenfallen dieser Daten ist ein direkter, planmäßiger Angriff, Christen davon abzuhalten, diese Zeitspanne im Leben Christi zu ehren und in Erinnerung zu behalten.

Was sind die »zivilen« Folgen dieses geistlichen Krieges? Eltern, die sich entschließen, ihre Kinder zu Hause zu behalten, um die religiösen Feiertage einzuhalten, können mit zwischen drei und neun Monaten Gefängnis unter Anwendung von zwei verschiedenen Bestimmungen bestraft werden: Artikel 247 (Mißbrauch von Religionsfreiheit) und Artikel 365 (Handlungen, die im Widerspruch zur normalen Entwicklung Minderjähriger stehen und Minderjährige dazu verführen, die Erfüllung erzieherischer Arbeit zu verweigern). Der Artikel 365 klingt harmlos, ja sogar vorteilhaft. Doch werden er und andere Gesetze vermengt und mißbraucht, um Gläubigen Fallen zu stellen. Glyzerin ist harmlos, desgleichen Nitrogen. Touristen und religiöse Beobachter, die hin und wieder kommunistische Länder besuchen, erhaschen es in zwei verschiedenen Flaschen. Der Christ, der in diesen Ländern lebt, wird täglich mit der Mischung – Nitroglyzerin, einem Sprengstoff – konfrontiert.

Ich fragte viele Gefängnisinsassen, wie die Kirche in der Lage sei, zu evangelisieren und das Volk trotz so vieler Formen spitzfindiger und offener Verfolgung zu erreichen. Da erfuhr ich die schöne Geschichte von der Frau. Die Männer auf Kuba, die einen Arbeitsplatz haben, müssen bei der Arbeit sein oder ein Ärzteattest vorweisen, wenn sie es vermeiden wollen, im Gefängnis zu landen, weil sie sich vor ihrem »Recht« auf Arbeit gedrückt hätten. Frauen sind daher beweglicher. Sie gehen zu zweit — Jünger von heute — in andere Provinzen, um einen Vetter oder eine Tante zu besuchen und erzählen ihnen vom Herrn.

Auf Kuba gibt es keine christlichen Buchgeschäfte, keine christlichen Rundfunk- oder Fernsehstationen, keine christlichen Filme oder Förderprogramme für Kinder und keine christlichen Reisegruppen. In der Apostelgeschichte 20, 20 erwähnt Paulus, wie er »von Haus zu Haus« lehrte. Warum war das notwendig? Die Kirche unter den Kaisern litt vielfach an demselben, was die Kirche jetzt unter dem Kommunismus erduldet. Doch das Übel ist heute größer und weiter verbreitet.

In Matthäus 10, 21 heißt es, daß Kinder verursachen werden, daß man ihre Eltern dem Tod überantwortet. Auf Kuba legen die Frauen, die ihre Verwandten besuchen, nicht Zeugnis ab, wenn ein Kind anwesend ist, ehe sie nicht zuerst privat mit den Eltern gesprochen haben. Das Kind, das gewöhnlich das rote Halstuch der Jungen Pioniere trägt, ist abgerichtet, »abergläubische« Zusammenkünfte seinem Lehrer oder der CDR-Familie – Komitee zur Verteidigung der Revolution – zu melden, die in jedem Block wohnt. Kinder, die Christus annehmen, dies in der Schule erwähnen und sich weigern, das rote Halstuch zu tragen, werden oftmals in »pupilo potestades« gebracht. Das sind staatlich geführte Schulen mit Wohnung und Verpflegung. Fern von ihren Familien lernen sie statt dessen die Religion von Marx und Lenin. Ich beziehe mich nicht auf den Kommunismus unter Stalin in der »schlechten, alten Zeit«. Ich spreche jetzt, in den 80er Jahren.

Hier nun ein Ausschnitt aus einer Erklärung, die am 30. April 1971 vom Ersten Nationalkongreß für Erziehung und Kultur in Havanna abgegeben wurde. Die Kommunisten waren zu jener Zeit besorgt über den Einfluß der Kirche auf die Jugend und beschlossen auf diesem Kongreß eine Politik des »Kinderstehlens«. Sie erweist sich jetzt als ziemlich wirkungsvoll. Hier nun ihre eigenen Worte:

» ... Die proselytische Aktivität der Kirche unter Kindern und der Aktivismus der Kirche durch Sportorganisationen und soziale Institutionen unterstreichen die Tatsache, daß unsere Arbeit ungenügend ist und daß die enormen potentiellen Hilfsquellen der Revolution, die von den politischen Organisationen, Massenorganisationen und den Schulen benutzt werden könnten, nicht verwendet werden ... die Programmierung von Aktivitäten außerhalb des Lehrplans, die Beaufsichtigung von Kindern und Jugendlichen sowie die Organisierung der Freizeit und Erholung als eine zu befolgende Politik, wird eine unmißverständliche Lösung dieser Schwierigkeiten sein ...«

Die Kirche stellt also ein Problem dar. Staatliche Programme zur Diversion (Sabotage des Klassenfeindes) sind auf Kuba in vollem Gange. Schulpicknicks, Sportveranstaltungen und Wochenendtouren konzentrieren sich ausnahmslos auf den Sonntag. Zwar bringen auch in einer freien Gesellschaft viele Aktivitäten schwache Menschen vom Gottesdienst ab, doch auf Kuba sind dies offizielle Schulfunktionen, bei denen der Lehrer anwesend ist, seine Schülerliste mitbringt und Protokoll führt. Es ist ein gesellschaftlich systematisch ausgearbeiteter Plan, zu rauben und zu vergiften.

Wenn der Marxismus-Leninismus nur ein wirtschaftspolitisches System wäre, was soll dann der fortwährende, aggressive Anti-Gott-Feldzug? Es ist kein System der Logik und Gesetzmäßigkeit, sondern ein haßerfüllter, fanatischer und religiöser Glaube. In der kubanischen Verfassung heißt es in Artikel 54 Absatz 3: »Es ist illegal und gesetzlich strafbar, sich jemandes Glauben oder religiöser Anschauung in der Revolution zu widersetzen.«

Da ich mich über den Mangel an Bibeln und Gesangbüchern auf Kuba wunderte, befragte ich Noble und die anderen zu diesem Problem. Ich erkundigte mich auch verschiedentlich bei Kubanern, die das Gefängnis besuchten. Die Informationen, die ich sammelte, ähnelten Berichten, die ich von Rumänen, Russen und Bulgaren gehört hatte: »Wir gingen mit dem Geld zum Druckereibesitzer. Er sagte, daß er zwar Zeit habe, daß wir aber warten müßten, bis das besondere Papier eintreffe. Wir warteten. Wir riefen zurück und man sagte uns, daß das Papier eingetroffen sei. Doch der Druckereibesitzer sagte betrübt, daß er jetzt keine Zeit mehr habe. Wir warteten. Als er wieder Zeit hatte, war das Papier von jemand anders verwendet worden.« Alle Druckereien werden vom Staat betrieben, vom »Volk«, von der kommunistischen Partei, aber nur für gewisse Leute.

Viele ehemalige kirchliche Schulen sind jetzt kommunistische Ausbildungszentren, in denen Atheismus gelehrt wird. Das Baptistenseminar in Havanna, *Seminario Bautista Loma de Chaple,* darf mit seinen großen Klassenzimmern, Sälen und der Bibliothek geöffnet bleiben. Es hat nur sieben Studenten, von denen die meisten von der Regierung zugelassen worden sind.

Mit großer Freude erfuhren wir mehr über den fliegenden Bücherladen, den ich über Kuba benutzt hatte.

Ein weiteres Symbol von Castros Würgegriff gegen Christen. Nur einigen Studenten ist es erlaubt, dieses einst blühende Seminar zu besuchen.

Zwei Häftlinge aus Matanzas, die dort viele Jahre inhaftiert gewesen waren, wurden in unser Stockwerk verlegt. Matanzas lag in der Nähe der Route, die ich am 7. Dezember 1978 mit John eingeschlagen hatte. Würden sie etwas wissen? Ich machte mich mit vier kubanischen Brüdern auf, um sie zu treffen. Ich hielt den Kopf gesenkt, da ich größer war als sie, und schlurfte vorwärts. Am Gangende trafen und umarmten wir uns.

Ich fragte sie bezüglich der Zeit, in der wir den Flug unternommen hatten. Am Morgen nach unserem Abwurf, erklärte man mir, seien Tausende von Flugblättern von Schwimmern, Touristen und kubanischen Arbeitern auf dem Strand von Veradero gefunden worden. Die Polizei habe mehrere Autos eifriger junger Männer von der Inneren Sicherheit ausgeschickt, die die Strände auf- und ablaufen und die Felder durchkämmen sollten, um das Material zu beschlagnahmen. Dies lenkte nur noch mehr Aufmerksamkeit auf das ungewöhnliche Ereignis. Ich war erneut aufgewühlt, als ich hörte, daß die Polizei einige Schriftstücke aufgehoben habe. Sie lasen es und behielten manchmal ein Exemplar, ehe sie den Rest ihren Vorgesetzten übergaben.

Wir erfuhren später, daß wir nicht nur den Nordstrand bedeckt hatten, der unser Ausgangspunkt war, sondern daß wir eine Spur hinter uns zurückgelassen hatten, die vom Wind über die ganze Insel verweht wurde. Die Flugblätter wurden aufgefunden und unter kubanischen Bauern verteilt. Wieder einmal eine schöne Bestätigung!

Diese Seine Schule war auch weiterhin trotz physischer Schwierigkeiten lohnend und erfreulich.

In jenem Monat erhielt ich Berichte von Camaguey: Achtzig Prozent der Familien, die das Gefängnis besuchten und in unserer Abwurfzone lebten, hatten entweder ein Schriftstück bei sich zu Hause oder wußten, wo sie welche finden konnten. Bauern entdeckten sie auf ihren Viehweiden. Die Dächer und Straßen von Ciego de Avila waren von unserem »tropischen Schneefall« bedeckt worden. Castro berief eine Sonderversammlung in dieser Stadt ein und versuchte, den Auswirkungen unserer Reise entgegenzuwirken. Auch hier hatten unsere Boten der Liebe ihre dynamische Wirkung. Gottes Botschaft hatte das Herz des Kommunismus zu Tode erschreckt. Sein Wort hatte den Seelen des Volkes Hoffnung gebracht.

Mel und ich freuten uns über das Ausmaß unseres Erfolges. Jeder quälende Augenblick unserer schweren Prüfung hatte sich gelohnt.

Karten-Schlüssel

1. Erste Schiffsreise 1973.
2. Der Flug von Carlton Bodden.
3. Hier erfolgte von einem Frachter aus der Abwurf von christlicher Literatur ins Meer.
4. Literatur-Abwurf per Flugzeug durch baptistische Geistliche.
5. Schweinebucht-Flug.
6. Letzte Flugzeug-Aktion, im Absturz endend.
7. Literatur-Abwurf per Flugzeug, während sich der Verfasser im Gefängnis befand.

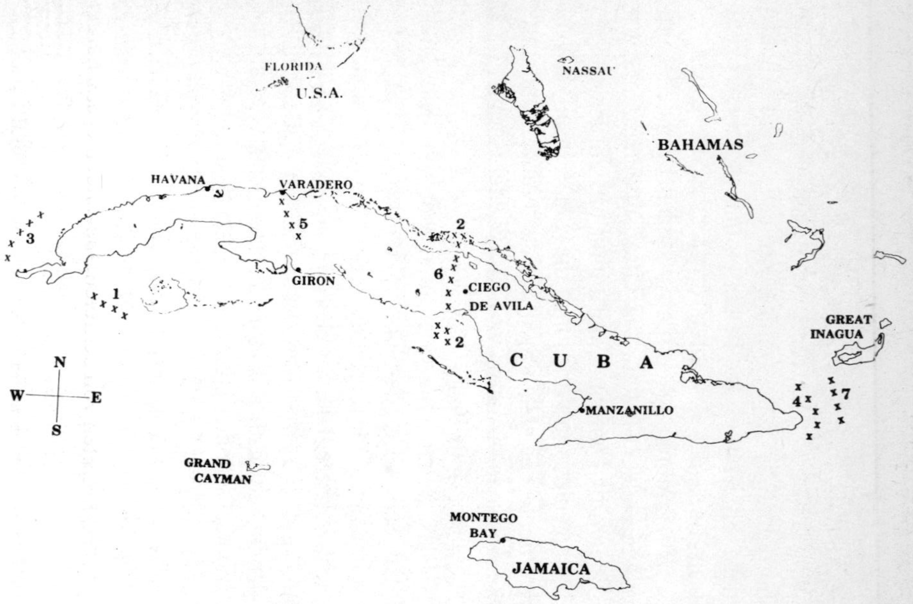

X

Wachttürme, unsere Kirchturmspitzen

Die physische Situation innerhalb des Gefängnisses glich in der Regel dem politischen Klima draußen und trug somit zu einer unbeständigen Reihe von Umständen bei. Die Politik fußt eher auf den Launen und Gefühlen Castros als auf Recht und Ordnung.

Im Herbst 1979, als die Welt mehr über die Präsenz russischer Truppen auf Kuba erfuhr, wurden unsere Kommunikationsdrähte zur US-Interessenabteilung durchgeschnitten. Der monatliche Besuch wurde uns gestattet, aber es wurden keine Briefe mehr weitergeleitet.

Unsere Zelle Nummer 14 wurde eines Nachts von kubanischen Häftlingen, überwiegend Homosexuellen, überfallen. Der erste schnitt die Stromleitung zum Zimmer durch und warf sodann mehrere Glasflaschen durch die Gitterstangen. Sie durchbrachen unsere Zellentür, inmitten von Schreien, fliegenden Glasscherben und Messern, die aus Serviertabletts gefertigt worden waren. In der Dunkelheit wurde ich von Indio in eine sichere Ecke des Raumes gebracht. Indio, ein kubanischer politischer Gefangener, war der Herkules unseres Zellenblockes. Anschließend stemmte er einen Tisch hoch und schleuderte ihn den Angreifern ins Gesicht.

Mel war der Tür am nächsten. Obwohl andere Gefangene Schnittwunden erlitten, bekam er keine einzige Schramme ab. Als sich die Eindringlinge so unerwartetem Widerstand gegenübersahen, rannten sie in den dunklen Flur.

Zu jener Zeit zeigten die Wärter absolut kein Interesse, uns zu helfen. Im Gegenteil, sie verschwanden von den Gängen, da sie sich entweder vor der Gefahr fürchteten oder aus dem Gefecht gezogen wurden. Noch Wochen danach gab es einen Zustand des kalten Krieges. Viele Häftlinge bewaffneten sich mit Messern und Speeren. Die Kubaner von Zelle 16 – Politische – kamen uns zu Hilfe. Sie arbeiteten die ganze Nacht hindurch und fertigten Waffen. Die Spannung war geladen. Wir mußten unsere Zellentür mit Kleiderbügeldraht verschlossen halten, da uns keine Wärter beschützen würden.

Später, im Mai 1980, als Castro die Gefängnisse säuberte und Zehntausende von Gefangenen in die Vereinigten Staaten schickte, durfte kein politischer Gefangener das Gefängnis verlassen. Viele unserer Angreifer wurden stattdessen auf freien Fuß gesetzt. Tod und Mißhandlung kamen genauso oft von seiten der Wärter wie von Gefangenen. Eines Nachmittags im Mai 1980 stolzierten Leutnant Calzada und Galan mit anderen Offiziellen auf den betonierten Innenhof von Gebäude Nr. 2 hinaus, um mit 18 Bootsmännern zu »reden«. Obwohl Castro die Freilassung Gefangener in die Vereinigten Staaten gestattete, durfte keiner von denen, die versucht hatten, von der Insel zu flüchten, gehen. Andere, hauptsächlich gewöhnliche Kriminelle, zwang man unter der Drohung hinaus, daß sie jeden Tag ihrer Haftstrafe hinter Gittern absitzen würden, wenn sie sich weigerten.

Mit der rohen Peitsche der Macht knallend, goß der

kubanische Staat weiter seinen bitteren Kelch aus. Die Bootsmänner, die sich nicht zu Unrecht betrogen fühlten, wollten über die Angelegenheit diskutieren. Calzada, Galan und andere kamen mit Stahlseilen, Macheten, Knüppeln und Riemen zur »Diskussion«. Sie traten mitten in die Männergruppe und schwangen ihre Sportgeräte. Drei Bootsmänner kamen ums Leben, bei einem trat Gehirnmasse aus dem Schädel. Mehrere andere wurden mit schweren, mehrfachen Verletzungen weggetragen.

In derselben Woche hörten die amerikanischen Gefangenen, wie das kubanische Funk- und Fernsehen präsident Jimmy Carter, Vizepräsident Walter Mondale und den Nationalen Sicherheitsberater Zbigniew Brzezinski mit schmutzigen Namen angriffen. Auf einer politischen Karikatur in der kommunistischen Zeitung *Granma* wurde Carter auf allen Vieren in einer homosexuellen Position abgebildet. Viele weitere Karikaturen zeigten amerikanische Offizielle unter Fliegen und Fäkalien. Die Amerikaner in Gebäude 2 demonstrierten friedlich gegen diese Verspottung, indem sie sich weigerten, ihr Abendbrot zu essen. Innerhalb von zehn Minuten marschierten rund sechzig Wärter in den Gang, die Gasmasken trugen, Knüppel, Streitkolben und Bajonette dabeihatten und von Hunden begleitet wurden. Alle Amerikaner wurden in Karzerzellen geführt, wo sie 15 Tage lang im Schmutz auf Betonböden schlafen mußten. Aus den Blicken der Wachtposten schlossen alle, daß ein Erstechen oder Erschlagen hätte Wirklichkeit werden können. In früheren Jahren waren etliche Gefangene verletzt und geprügelt worden und tagelang in

Zellen voll Wasser gesperrt worden, bis sich ihre Haut geschält hatte.

Zu jener Zeit war ich gerade auf der anderen Straßenseite im Krankenhaus bei Walter Clark. Dank eines Mithäftlings, Dr. Jorgé Torriente, der für kurze Zeit beim Krankenhauspersonal war, konnte ich ins Krankenhaus gelangen. Mehrere Ärzte waren Gefangene. Ich hatte erheblich an Gewicht verloren, da das Essen, das wir bekamen, sehr dürftig war. Der Fisch, der auf unseren Stock gelangte, sah aus, als ob er Teil einer prähistorischen Ausstellung gewesen wäre. Wir erfuhren, daß er in gefrorenem Zustand in Schachteln mit Datumsangabe 1971, also neun Jahre alt, aus der Sowjetunion in die Küche kam. Der Reis aus China enthielt so viele Steine, daß sein Verzehr ein großes Risiko bedeutete. Glen spaltete und brach sich häufig seine Zähne. Die Mais- und Erbsensuppe und das ranzige russische Rindfleisch waren allesamt alte, ausgediente Massengüter. Rindfleisch bekamen wir selten zu Gesicht, obwohl man es uns zwei Wochen vor unserer Freilassung jeden Tag servierte.

Meine Verlegung ins Krankenhaus hatte mehr als nur physische Schwierigkeiten zur Ursache. Ich erhielt eine kurze Mitteilung von einem dortigen Gefangenen namens Armando Valladares. Armando ist ein Dichter, der seit zwanzig Jahren, davon sieben Jahre im Rollstuhl, gefangengehalten wird. Die ganze Zeit über war es ihm nie gestattet geworden, seine Frau Marta zu sehen. Seine Liebe zu Gott und den Menschen ist ansteckend, und seine Lebensfreude und sein Humor sind unglaublich. Obwohl Armanda an Asthma und hohen Blutdruck leidet und von der Taille an gelähmt ist, ist er eine derartige Quelle von Liedern und Späßen, Geschichten und Wohltaten, daß viele vom Krankenhauspersonal und von den Wärtern ihn zu besuchen versuchten, obwohl es verboten war. Sein Foto liegt auf dem Schreibtisch des Wachhabenden unter Glas und warnt alle, daß er ein gefährlicher konterrevolutionärer Agent sei. Ein *gefährlicher* Dichter in einem Rollstuhl.

Als ich Armando auf Station C treffen wollte, mußte ich durch zwei zusätzliche Gittervorrichtungen in ein Einzelzimmer schauen, wo die G-2 den »bösartigen« Kriminellen festhält. Seine Therapieausrüstung, die von besorgten Organisationen im Westen gestiftet wurde, wurde in die Ecke geworfen, ein Haufen nutzloses Gerümpel, nachdem es offiziell von den Strafbehörden akzeptiert worden war. Seine Gedichte über das Leiden, die Liebe, Gott und die menschliche Seele machen ihn zu einer lebendigen Bombe gegen die Castro-Regierung. Er paßt nicht in die automatisierte marxistische Schablone.

Ich fand eine verwandte Seele in Armando, der Liebe für Gott, die Schönheit und den Menschen empfand, aber Haß gegenüber atheistischem Gift an den Tag legte. Er erzählte mir von seinem Aufenthalt in dem großen Gefängnis auf der Fichteninsel. Touristen zeigt man jetzt die fünf riesigen, kreisförmigen Gebäude und sagt, es seien Batistas Gebäude gewesen. Unter der Castro-Regierung waren dort mehr Kubaner inhaftiert als je zuvor. Der Hunger war unglaublich. Aus Wut und Verzweiflung biß Armando einer Schlange, die er im Zuckerrohr fand, den Kopf ab.

Der Gefängniskommandant hatte ein Lieblingsschwein, das zwischen den fünf Wachttürmen umherspazierte und nach Wurzeln suchte. Eines Nachmittags wurde ihm durch die vergitterten Fenster des dritten Stockwerks eine Falle gelegt; das Schwein, das überrascht quiekte, wurde rasch etwa 12 Meter hochgezogen. Da es zu groß war, um durch das Metallgitter gezogen zu werden, wurde es schnell geschlachtet, als es draußen vor dem Fenster hing. Die Schweinefleischstücke wurden hereingezogen, gekocht und so schnell verzehrt, daß, als die Wachtposten 15 Minuten später eintrafen, nur noch der Duft zu riechen war.

Ich erfuhr vom Tode des Pfarrers Alfredo Ramero, eines kubanischen Geistlichen und Graduierten des Westindischen Bibelinstituts. Ramero war nach sechs Jahren Haft im El-Principe-Gefängnis in Havanna an Brucellose (stoßweise auftretendes Fieber) gestorben. Ein weiterer Bibelprediger, Gerardo Gonsales Alvarez, den seine Mithäftlinge »Glaubensbruder« nannten, war ein frommer Mann. Er starb am 1. September 1975 während des berüchtigten Massakers im Boniato-Gefängnis den Märtyrertod. Armando schmuggelte später folgendes Zeugnis aus Kuba. Hier nun die Übersetzung:

Der Glaubensbruder

An jenem Samstag kehrten die Kolonnen von Häftlingen früh zurück — bei Einbruch der Dämmerung. Tausende von Gefangenen, umgeben von Gewehren und Bajonetten, kamen schweigend von den Arbeitslagern zurück und bildeten dichte Reihen des Hungers, des Schweißes und der Erschöpfung. Alle waren schmutzig, einige waren barfuß und wieder andere trugen zerlumpte Kleidungsstücke. Mit hängenden Schultern und gebeugten Rücken wirkten sie, als ob die alle Bitterkeit und alles Elend auf ihnen lasten würde.

Die verschlammten Straßen und Wege, die zur Strafanstalt auf der Fichteninsel führten, sowie die Wege innerhalb des Gefängnisbereiches, die hohe Stacheldrahtzäune umgaben, waren mit langen Menschenkolonnen gefüllt, die soeben die schwere Reise durch die von Moskitos wimmelnden Sümpfe, Steinbrüche und die von unserem Blut gedüngten Zitrusplantagen beendet hatten. Mehr als 6000 politische Gefangene waren in diesem gigantischen Konzentrationslager untergebracht. Einige hatten bereits das Gebäude betreten. Die Gefangenen, unterernährt und entmutigt durch die Länge der Haft, schleppten sich langsam voran. Man hörte die Stimme des Halbzugführers, die sie zur Eile antrieb. Das war normal, dieselbe Litanei jeden Tag, Monat um Monat, Jahr um Jahr. Sodann pflegten die Wachtposten diejenigen, die die Vorhut anführten, mit Bajonetten und Knüppeln zu drangsalieren, und die Reihen bewegten sich ein wenig schneller vorwärts. Block 26 mit seinen vier Abteilungen ging langsam die Straße hinunter, die parallel zu unserem Gebäude verlief. Die Häftlinge waren erschöpft. Gehen konnte man es fast nicht mehr nennen; sie schleppten sich dahin, ohne Kraft, die Füße zu heben.

Die Wachtposten verlangten ein schnelleres Tempo in ihrer Vorhut und drohten ihnen, indem sie ihre Macheten und Bajonette hochstreckten. Die Gefangenen versuchten, Folge zu leisten, aber die Wachtposten verlangten mehr und begannen Schläge auszuteilen.

»Los, ihr Hundesöhne«, schrien sie, während sie ihre Wut und Feigheit entfesselten. Die Macheten und Bajonette machten ein klatschendes Geräusch auf den Rükken der Häftlinge. Es gab Aufruhr in der Reihe, ein Durcheinander. Die Wachtposten stürzten auf sie los und prügelten zornig und gewalttätig weiter. Die ersten machten eine übermenschliche Anstrengung und entzogen sich ihren Schlägen. Plötzlich hob ein Häftling, während sein Rücken mit der Machete bearbeitet wurde, seine Hände und Augen zum Himmel empor und rief: »Vergib ihnen, Herr, denn sie wissen nicht, was sie tun.«

Es war, als ob der Rücken, in den die Machete immer wieder stieß und die Haut aufriß, nicht ihm gehörte. Die klaren Augen des »Glaubensbruders« leuchteten, seine Arme öffneten sich himmelwärts und flehten um Vergebung für seine Peiniger. In jenem Augenblick war er ein unfaßbarer, übernatürlicher, wunderbarer Mensch. Die Mütze fiel ihm vom Kopf und gab den Blick auf sein graues Haar frei. Sehr wenige, die mit ihm zu tun hatten, kannten seinen wirklichen Namen. Dieser Häftling war wie eine unversiegbare Quelle des Glaubens, den er in den schwersten und verzweifeltsten Situationen an seine Mithäftlinge weitergab.

»Hab Vertrauen, Bruder ...«, wiederholte er ständig, indem er auf seinem Weg eine Spur von Optimismus und Frieden hinter sich zurückließ. Wir alle nannten Gerardo einfach »Glaubensbruder«. Als protestantischer Pfarrer hatte er sein Leben der Verkündigung des Gotteswortes geweiht. Seine schönste Predigt war er selbst. Als er in die Cabaña-Festung kam, waren Tausende von Gefangenen in den engen Abteilungen zusammengepfercht. Sie schliefen auf dem Fußboden, in den Ecken und unter den Pritschen. Angst und Tod waren jede Nacht zu Gast, weil dreimal Exekutionen stattfanden.

Wir wußten nie, ob wir den Haftgefährten wiedersehen würden, der zu den kommunistischen Tribunalen gebracht wurde.

Die sowjetischen Gewehrsalven durchlöcherten jede kubanische Brust, die es wagte, der atheistischen Sklavendiktatur entgegenzutreten. Jene hundertjährigen Burggräben erbebten vor dem kraftvollen Ruf: »Tod dem Kommunismus, Heil Christus, dem König!«

In jenen Augenblicken furchtbarer Qual hob der Glaubensbruder seine Arme zum unsichtbaren Himmelsgewölbe: »Herr, nimm ihn in deine Arme!« Wenn wir dann die Hammerschläge hörten, mit denen die Särge genagelt wurden, sagte der Glaubensbruder zu uns, daß der Gefangene bevorzugt sei, weil Gott ihn an Seine Seite gerufen habe. Er half vielen, dem Tod mit Tapferkeit und Gelassenheit entgegenzusehen. Und so machte er bei den Gruppen die Runde, stärkte aufs neue ihren Glauben, besänftigte ihre Gemüter und spendete ihnen Trost und Hilfe. Jeden Tag, wenn die Küche geöffnet wurde, ging er auf die Suche nach Kranken. Ob sie es wollten oder nicht, wusch er ihre schmutzigen Kleider. Jeder konnte ihn dort mit einem groben Lappenstück oder einem übrigen Nylonstrumpf, der als Schürze um seine Taille gebunden war, sehen, wie er Bergen von Kleidungsstücken gegenüberstand ... groß, über das Waschbecken gebeugt, und im Übermaß schwitzend. Sein Haar war weiß, und in seinen klaren Augen zeigte sich ein strahlendes Leuchten.

In der Regel holte er uns von unseren Schlafstellen zum Besuch der Gottesdienste.

»Auf mit Euch, ihr Löwenjungen, der Herr ruft Euch«, pflegte er zu rufen.

Dem Glaubensbruder konnten wir nicht nein sagen. Wenn er jemanden in nachdenklicher oder trauriger Stimmung antraf, pflegte er zu ihm zu sagen: »Ich will dich heute nachmittag im Gottesdienst sehen ...« – und man mußte hingehen. Seine Predigten hatten einen schlichten Reiz. Er strahlte eine außergewöhnliche Faszination aus. Von einer Kanzel, improvisiert aus ein paar alten Kisten, die mit einem Bettlaken und einem einfachen Kreuz bedeckt waren, hielt der Glaubensbruder mit donnernder Stimme die tägliche Predigt. Dann sangen wir alle Gott Lobgesänge, die er auf Zigarettenhüllen geschrieben und an die Anwesenden verteilt hatte. Viele Male sprengten die Wachtposten jene Minuten des Gebets mit Schlägen und Hieben von ihren Gewehrkolben, doch sie konnten ihn nicht einschüchtern.

Als er zu den Sklavenarbeitslagern auf der Ficheninsel gebracht wurde, organisierte er Bibellesestunden und Chorgruppen. Eine Bibel zu besitzen, war staatsgefährdend. Er hatte, wir wußten nicht woher, eine kleine Bibel, die er immer mit sich führte.

Wenn ein erschöpfter oder kranker Mithäftling in seiner Ackerfurche oder in dem Berg von Steinen zurückblieb, die er mit einem Vorschlaghammer brechen mußte, erschien der Glaubensbruder an seiner Seite. Hager und stark, verfügte er über eine erstaunliche Ausdauer bei jeglicher körperlicher Tätigkeit; er beschleunigte die Arbeit des anderen und bewahrte ihn somit vor Schlägen. Wenn einer der Wachtposten hinter ihm vorbeiging und ihn mit einem Bajonett stieß, schnellte der Glaubensbruder wie eine Feder hoch, blickte dem Wärter in die Augen und sagte freundlich: »Der Herr möge dir vergeben ...!«

Rund tausend Gefangene waren in dem Gebäude untergebracht. Wir alle empfanden Liebe und Bewunderung für diesen Mann, der nicht leugnete, ein großer Sünder gewesen zu sein. Die Arbeitsgruppen kamen um fünf Uhr früh heraus. Wir mußten uns auf dem riesigen zentralen Innenhof unter Dach und Gittern sammeln. Manchmal blieben ein paar Häftlinge auf den höheren Stufen zurück; wenn dies der Fall war, kamen die Garnisonsoldaten herein und begannen, alle zu prügeln. Da ermutigte uns der Glaubensbruder.

»Gebt dem Teufel keine Chance, Brüder ...«, rief er den Langsamen zu.

Während wir uns in einer langen Reihe zum »Frühstück« anstellten, heißem Zuckerwasser, das man in 55-Gallonen-Behältern (ca. 250-Liter-Behälter) mit Erdölgeschmack brachte, zitierte der Glaubensbruder häufig biblische Geschichten oder brachte uns mit seinen originellen und sehr persönlichen Interpretationen über Sünde und menschliches Verhalten zum Lachen.

»Vergeßt nicht, daß ich in Sünde gelebt habe und die Versuchung kannte«, erinnerte er uns. Sein größtes Ziel war es, daß wir uns gegenseitig nicht haßten. Fast alle seine Predigten beinhalteten diese Botschaft.

Jetzt befindet er sich im Boniato-Gefängnis, »Biologisches Versuchs- und Vernichtungszentrum« in einer Zelle mit Metallplatten. Seine Stimme hört man jedoch, als ob sie aus der Tiefe einer Höhle käme, jeden Nachmittag zum Gottesdienst und Gebet rufen, was er keinen einzigen Tag versäumte.

Alle sind still. Ein ehrerbietiges Schweigen breitet sich in den öden Gängen dieser Katakomben aus. Estebita, el Pire und Castillito sind bereits tot ... Die Nachrichten jener Tage trieben selbst in die trockensten Augen Tränen. Kein Prediger war jemals unter widrigeren Umständen für Gott und die Menschen tätig. Hunger und Krankheit haben seinen Körper geschwächt. Er ist fast nur noch ein Skelett, sein Haar ist weißer und seine Augen sind leuchtender als je zuvor.

Die Garnison schreitet zur Tat, indem zufällig geschossen wird. Sie haben bereits einige Gefangene erschossen, die nicht in der Frontabteilung eingesperrt sind, und sie werfen Handgranaten. In den fest verschlossenen Zellen kann man nichts sehen, nur hören. Und dann öffnen sie die Zellen, zerren unter Schlägen die Häftlinge heraus und stoßen sie in Richtung Gangende. Sie sind fast alle draußen; viele können sich kaum noch auf den Beinen halten und lehnen an der Wand. Sie sind mager und von Hunger und Folterung erschöpft. Die brutalen Prügeleien beginnen; Arme und Rippen, Köpfe und Gesichter werden verstümmelt; die Behinderten werden von ihren Rollstühlen gezerrt, an den Beinen gezogen und auf den Fußboden geworfen ... als sich plötzlich ein Häftling, spindeldünn, geisterhaft und mit erhobenen Armen, zwischen die prügelnden Wärter stellt, und zu einem unsichtbaren Himmel schreit: »Vergib ihnen, Herr, denn sie wissen nicht, was sie tun!« Seine Augen glühen wie zwei feurige Kohlen, und sein Haar ist weiß. Die Wachtposten halten angesichts der unerwarteten Szene einen Augenblick inne.

»Vergib ihnen, Herr, denn sie wissen nicht, was sie tun ...!«

»Geht zurück!« befiehlt der kommunistische Leutnant, Raul Perez de la Rosa. Die Wachtposten weichen zurück und der Funktionär feuert sein sowjetisches

AKM-Gewehr ab. Die erste Druckwelle klettert dem Glaubensbruder an der Brust hinauf und sucht nach seinen strahlenden Augen; die zweite zerreißt seinen Nakken, trennt fast den Kopf vom Körper.

Du vergibst ihnen, Glaubensbruder, wenn du willst, aber sie wissen doch, was sie tun. (Aus »El Corazon Con Que Vivo«, Ediciones Universal, P. O. Box 450353, Miami, Fl 33145.) Wie kann man auf physische Weise eine geistliche Macht zerstören? Die Kommunisten sind verblüfft und verärgert, daß trotz ihrer Feldzüge der Spaltung, trotz Unterdrückung und Einsetzung junger marxistischer Pfarrer an die Stelle bibelgläubiger Menschen die Kirche immer noch gedeiht. In der Sowjetunion wächst die Kirche um viele Male schneller als in Westeuropa. Da der atheistische Verstand geistlich verdunkelt ist, kann er das Konzept, daß die Kirche aus »lebendigen Steinen« gemacht ist, nicht begreifen. Der Apostel Petrus sagt, daß wir lebendige Steine in einem geistlichen Haus sind. Ich traf viele dieser »Steine«.

Boniato-Gefängnis auf Ost-Kuba, wo der Glaubensbruder gefoltert wurde.

Wir stehen auf dem Hauptfundament: Christus. Ich hatte dieses Konzept oftmals Kapitän Santos zu erklären versucht, doch für einen materialistischen Menschen ist geistliche Nahrung geschmacklos, fad und farblos. Vielleicht werden eines Tages seine Geschmacksorgane erwachen, und er wird sich nach Gott sehnen.

Mit einer russischen Kamera, die auf einem Arzneitablett hereingeschmuggelt worden war, konnte ich eines Tages Armando fotografieren, und er fotografierte mich. Am nächsten Tag stürzten die Wachtposten zusammen mit Leutnant Castillo, dem Sicherheitskommandeur, in unsere Abteilung und fanden zwei leere Filmrollen in Armandos Zimmer. Glücklicherweise wußten sie nicht, daß eine dritte Rolle existierte, da ich sie in meinem Dickdarm, im Finger eines Chirurgenhandschuhs verschnürt, versteckt hatte. Dort pflegte ich Briefe an meine Frau und Familie, Fotos, Film und andere Dokumente aufzubewahren. Einmal ließ ich einen von zwölf Christen unterzeichneten Brief, in dem die brutale Verfolgung auf Kuba geschildert wurde, abschicken. Ich schickte auch Gedichte hinaus. Vor Jahren hatte ich Gedichte geschrieben und jetzt, da ich zu einem Dichter Kontakt hatte, ließ Gott dies in mir wiederaufleben. Ein Gedicht trug die Überschrift

Dornenkrone:

Stacheldraht — eine Dornenkrone
umfängt uns, das Fleisch
durchbohrend.

Wachttürme – unsere Kirchturmspitzen
lassen die Wunden von neuem bluten.
Wir trinken Seinen Kelch.
Seine Freude fühlen wir
trotz der Hunde,
der Schreie,
dem Klirren von Stahl,
da wir von diesen Gräbern aus
lebendig die Toten draußen sehen —
die Blinden.

Unsere Gebete lassen die Gitterstangen schmelzen,
zerschmettern auch den Beton,
wenn schwach wir finden
unsere Kraft in Dir,
o Gott.

Ich knotete die Kamera an einen Faden und hängte sie im Luftschacht des Badezimmers des Wachtpostens auf. Zwei Tage später wurde sie gefunden.

Die ärztliche Behandlung im Krankenhaus war minimal. Auf unserer Station sah ich Patienten mit sechs verschiedenen Krankheiten, die alle mit nur einer Flasche Glukose behandelt wurden. Während meines zweimonatigen Krankenhausaufenthalts sah ich für fünf Minuten einen Arzt. Der Test für meinen angeblichen Magenkrebs wurde nicht richtig durchgeführt.

Walter Clark, der andere Amerikaner im Krankenhaus, litt ständig unter Beschwerden mit seinem Rükken, den er früher einmal gebrochen hatte. Die Behörden weigerten sich nicht nur, ihm eine bessere Behand-

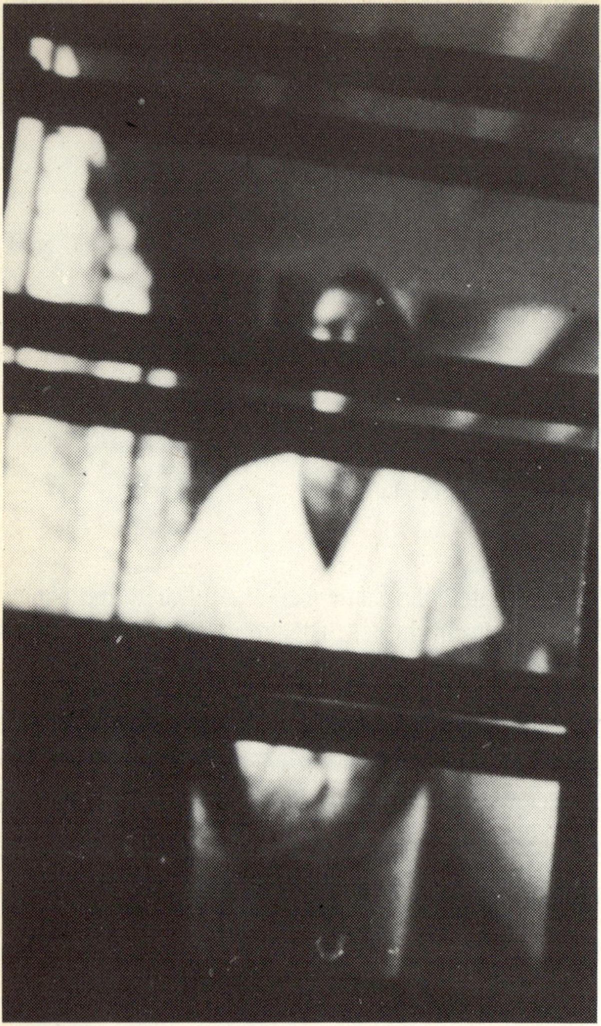

Fotos, aufgenommen mit einer geschmuggelten russischen Kamera; oben: Tom White im Gefängnis-Hospital.

Armando Valladarez, noch im Rollstuhl, mußte weitere 10 Jahre auf seine Freilassung warten.

lung zukommen zu lassen, sondern man verweigerte seiner Ehefrau auch die Erlaubnis, für einige Monate seine Rückenstütze zu bringen. Walter lag viele Nächte unter furchtbaren Schmerzen wach, ohne sich bewegen zu können. Als sich die Beziehungen zwischen den USA und Kuba verschlechterten, wurde seine Behandlung noch inhumaner. Monatelang siechte er dahin. Kein Arzt besuchte ihn. Er mußte heimlich Mittel und Wege finden, um Schmerztabletten zu bekommen. Er verlor mehr als 50 Pfund Körpergewicht.

Den Chefarzt des Krankenhauses nannten wir »Dr. Knüppel«. Wir hatten gesehen, wie er einen dicken Stock über dem Kopf eines gefangenen Krankenpflegers namens Casavilla zerbrach. Während der ärztlichen Behandlung mehrerer kubanischer politischer Häftlinge unten im Gang entbrannte zwischen zwei Gefangenen Streit. Die Wachtposten begannen gemäß ihrer gewöhnlichen Overkill-Taktik, jeden in der Abteilung dieses Ganges zu verprügeln. Pflichtgetreu gegenüber Castro fing »Dr. Knüppel« an, mit einem Stock auf die Köpfe von Patienten einzuschlagen, die am Rande des Tumults standen.

Ein anderer Wärter, genannt »Gorilla«, schlug Napoles, dem freiwilligen Krankenpfleger, die Brille so von der Nase, daß sie ihm ins Gesicht schnitt. Mario Chanes wurde furchtbar verprügelt. Mario, der jetzt seit zwanzig Jahren im Gefängnis sitzt, war einer der anfänglichen Revolutionäre, die mit Fidel Castro auf dem Boot »Granma« zur Besiegung Batistas kamen. Die meisten dieser 83 siegreichen »Befreier« sitzen im Gefängnis, sind bereits tot oder leben in Miami. Alle paar Jahre müssen sämtliche früheren politischen Fotos von Fidel und seinen Mannen frisiert, geschnitten und neu gemacht werden, da immer mehr Getreue von seiner Revolution des »Volkes« enttäuscht sind. So ist der Kommunismus eine spitzfindige Lüge, unter der Oberfläche kochend und dann rasch über den Rand von unterstützenden politischen Strukturen übertretend und wie heiße Lava hinunterfegend, um selbst seine eigenen naiven Revolutionäre zu verschlingen.

Wenige zufällige Beobachter erkennen je das Ausmaß der totalen Kontrolle, die über diese Völker ausgeübt wird. Die Informationslücke und die Sperren, die sie errichtet, stellen nur ein Beispiel dar. Während meiner Zeit im Krankenhaus bekam ich ein kubanisches Physikbuch der High School in die Hand, das ein Kapitel über das Sonnensystem enthielt. Auf den vier Seiten Text und den Bildern vom Mond wurde nirgends erwähnt, daß jemals ein Mensch ihn betreten hat oder daß Mondgesteinsproben auf die Erde gebracht wurden. Das Buch enthielt keine Mondaufnahmen von den Amerikanern. »Vielleicht ist es bedauerlicherweise veraltet«, murmelte ich vor mich hin und blätterte nach vorn. Das Datum war 1976. In dem Text wurde erwähnt, daß die neuesten Fortschritte beim Erwerb von Kenntnissen des Mondes von der Sowjetunion mit ihrem Satellit Lunik II erzielt worden seien. Kuba war eine der beiden einzigen Nationen der Welt, die die Mondlandungen nicht im Fernsehen übertrugen. Diese Informationsnot aus ideologischen Gründen zieht sich durch das gesamte Spektrum und umfaßt alles von der Wissenschaft bis zur Religion. Dieser imposante Vorhang fällt sogar über die Atmosphäre der Erde.

Kurzwellenradios wurden bei uns versteckt. Wärter

fanden bei einer intensiven Suche ein in einem hohlen Buch verstecktes Gerät. Die Behörden wußten, daß wir ein weiteres Gerät besaßen, da gewisse Gruppen von Kubanern und Amerikanern stets weitaus besser über das Weltgeschehen informiert waren als die Gefängnisbediensteten oder die Spitzel unter den Häftlingen. Mit Juan Domingues hörte ich verschiedene Male christliche Sendungen von Bonaire und Quito. Oft wurden sie gestört. In anderen Nächten konnten wir wiederum eine klare Frequenz empfangen. Was für eine Erregung, die guten, prägnanten Botschaften der Hoffnung und der Liebe zu hören! Das Singen war eine Freude, die uns aus diesem kleinen Gerät entgegenströmte. Wir benutzten intravenöse Kanülen mit Gummistöpseln als Kopfhörer. Da die Batterien immer schwächer wurden, schmuggelten wir einen winzigen Transformator ein.

Mel und ich erfuhren einmal durch die »Stimme Amerikas«, daß unsere Ehefrauen nach Kuba kämen. In einer anderen Sendung wurde unser Absturz und unsere Verhaftung erwähnt. Die Frequenzen wurden von der auf Kuba stationierten Anlage gestört. Doch mit Beharrlichkeit konnten wir sie finden und uns von diesen illegalen Sendungen bereichern lassen.

Kubanische Christen und politische Gefangene benutzten an verschiedenen Stellen Handzeichen, um die Übertrager zu warnen, diejenigen, die die Rundfunknachrichten niederschrieben. Das System funktionierte in der Regel einwandfrei. Eines Nachmittags stand ich vor Domingues, um ihn abzuschirmen, während er eine WKWF-Sendung von Key West abhörte. Die Nachrichtenkommentatorin, Susan Grey, war unsere größte Informationsquelle, da diese Station mit einer A. M.-

Frequenz nahe bei Kuba ist. Juan kauerte in der Ecke und hörte, auf dem Fußboden sitzend, aufmerksam zu. Plötzlich vernahm ich Schritte hinter mir. Als ich vorsichtig den Kopf etwas drehte, sah ich einen Wärter kommen, nicht mehr als fünf Meter entfernt! Wir hatten keine Warnzeichen erhalten. Ich klopfte mit zwei Fingern auf meine Schulter — unser Signal. Juan steckte das Radiogerät in sein Hemd, stand auf und begann, sich von dem Wärter zu entfernen. Ich begann sofort, mit dem Mann zu reden und seine Sicht zu blockieren.

»Wann kommen wir denn endlich diese Woche ins Freie?« fragte ich ihn hoffnungsvoll. »Es ist gewiß schon eine Weile her.«

Er zuckte mit den Achseln.

Als ich mich umwandte, um meinem Freund zu folgen, bemerkte ich, daß die Kopfhörerschnur, wie ein Schwanz umherbaumelte. Wir konnten jedoch unentdeckt entkommen. Wieder in Sicherheit!

Die Behörden räumten schließlich den gesamten Flügel des vierten Stockes von Gebäude eins, um zu versuchen, das kleine Gehäuse zu finden, das eine große Gefahr für sie darstellte. Alle Männer wurden in das Gebäude II gebracht und gründlich durchsucht. Keiner hatte das Gerät bei sich. Es war in Gebäude I versteckt zurückgelassen worden.

Die Verteidiger des kommunistischen Glaubens verbrachten etliche Monate mit der Suche nach diesem kleinen Gehäuse aus Plastik und Drähten, welches geistliche Botschaften auf ihre lautere Gesellschaft abfeuerte. Mit Vorschlaghämmern durchbrachen sie zu diesem Zweck die Wände. Staubwolken stiegen auf, die

Hämmer schlugen weiter. Arbeiter kippten Berge von Mörtel und Sand vor das Gebäude, die für die umfangreichen Reparaturen verwendet werden sollten. Wachtposten setzten Metallortungsgeräte ein, um die Gänge und Wände abzusuchen. Es war eine umgekehrte Hexenjagd. Die Hexen übernahmen das Jagen. Wir glauben nicht, daß sie das Rundfunkgerät fanden.

Ich trug eine Rolle bei mir, die Briefe für mehrere Monate enthielt. Ich nähte sie in den Zwickel meiner Unterwäsche ein und trug sie ständig. Falls ich zeitweilig nicht auf dem Stockwerk sein sollte, ließ ich die Unterwäsche bei Rafael, der sie zu tragen pflegte, während ich weg war.

Eines Nachmittags hatten wir eine *riqueza,* eine Durchsuchung. In der Regel wußten wir das durch Gefängnisgerüchte im voraus. Diesmal wurden wir überrascht. Alle Türen öffneten sich schnell und Bedienstete stürzten in jeden Raum unseres Gebäudetraktes.

Ich war gerade am Schreiben; ich sprang von der Pritsche und rannte zu dem dreckigen Loch hinter der Zelle, unserem Badezimmer, um die Briefe hinunterzuspülen. Gut. Sie waren verschwunden. Der Leutnant war wütend, aber was konnte er tun? Mich zu schlagen, würde nichts nützen. Als wir alle in einen Raum getrieben wurden, während Wärter unsere Zellen durchsuchten, traf ich Rafael. Er hatte an jenem Tag meine Unterwäsche in Verwahrung.

»Hast du die Unterwäsche?« flüsterte ich.

»Nein, ich hatte keine Zeit, sie anzuziehen. Sie sind zu schnell gekommen!« keuchte er wütend.

Mein Magen zog sich zusammen. In dem Gummifinger, der in die Unterwäsche eingenäht war, befand sich ein Brief, in dem neue Möglichkeiten aufgezeigt wurden, christliche Literatur auf Kuba zu bringen. Wenn man ihn fände, würde ich diesen Ort nie mehr verlassen. Zu jener Zeit startete man erneut Flüge. John Lessing hatte eine Reise unternommen; seine Frau half ihm mit der Evangeliumsliteratur.

Ich saß zusammen mit Glen auf einigen verrosteten Sprungfedern und betete. Ich sprach mit Mel; er betete ebenfalls. Wir beteten mit geöffneten Augen, damit die Spitzel unter den Gefangenen nicht bemerken würden, daß etwas nicht in Ordnung war.

»O Herr, ich glaube, daß Du mich nach Kuba gebracht hast«, sagte ich ruhig. »Wenn Du willst, daß ich hier bleibe und meine Tür ständig verschlossen ist, dann bleibe ich in Deinem Willen, selbst wenn sie es finden.«

Ich schaute hinaus. Die Wärter warfen unsere Habseligkeiten größtenteils auf den Gang und verweilten lange in jedem Zimmer, ja ritzten sogar Matratzen auf.

»Wo hast du die Unterwäsche gelassen? Ist sie versteckt?« drängte ich Rafael.

»Nein, sie liegt in voller Sicht am Fußende meiner Pritsche«, seufzte er, von Panik geschlagen.

Ich dachte an die Fotos und Briefe. Wenn die Wäsche auch nur berührt oder hochgehalten würde, würde die schwere Rolle verdächtig im Zwickel baumeln.

»O Gott, selbst wenn sie sie aufheben, laß sie es nicht sehen. Mache sie blind, Herr, selbst wenn sie sie anfassen.«

Nach zwei langen Stunden kehrten wir in unsere Zellen zurück. Die Unterwäsche war nicht mehr da. Rafael begann zu zittern. Doch dann fand er sie. Sie war weggeräumt und auf die andere Seite der Zelle geworfen worden. Die Informationen waren intakt. Gott hatte, wie immer, die Kontrolle inne.

Nun wartete ich unruhig auf Familienbesuch. Solche Besuche werden überall von Gefangenen als ein Augenblick der Begegnung mit einer anderen Welt angesehen, ein Hauch von frischer Luft. Besuche hatten für uns eine besondere Bedeutung. Die Nachrichten von jenem anderen Planeten — der freien Gesellschaft — wurden empfangen, geteilt, herumgereicht, analysiert und überprüft, ganz gleich, ob sie nun erhebend oder niederschmetternd waren. Viele Häftlinge stürzten von den Höhen optimistischer Theorie in die Tiefen eines pessimistischen Fatalismus. Einige wurden sogar stumpfsinnig, bettlägerig und apathisch.

Ich wurde mit jedem Tag dankbarer, da mich diese wunderbare Gabe des Glaubens, die Gegenwart Jesu, die meiste Zeit ruhig und erhaben sein ließ. Ich erhielt insgesamt fünf Besuche von meiner Familie. Die Durchschnittsaufwendungen betrugen jedes Mal rund 700 Dollar (ca. 1 400 DM) — reichlich kostspielig für eine dreistündige Sitzung. Die Familienangehörigen durften nicht selbständig nach Kuba fliegen, um uns zu besuchen, sondern mußten als Teilnehmer einer organisierten Reise kommen.

Ofelia, mein älterer Bruder, meine Mutter und mein Vater erübrigten alle eine Zeit der Liebe, verbunden mit viel Opfer, für mich. Ich konnte ihnen Hunderte von Briefen und Fotos sowie die Filmrolle mit den Fotos vom Krankenhaus mitgeben. Sie wurden zu Schmugglern. Ich pflegte sie »Lichtträger« zu nennen. Die Briefe, die sie bei sich trugen, stammten nicht nur von mir, sondern auch von amerikanischen und kubanischen Gefangenen. Zahllose Tränen, Seufzer, Gelächter, Scherze und Küsse steckten in diesen Briefen vieler alter Großeltern, die ihre Enkel noch nie gesehen hatten.

Als mein Bruder herflog, um mich zu besuchen, hatte ich die Filmrolle noch bei mir. Im Gegensatz zu vorangegangenen »Briefträgerdiensten« war dies kein gewöhnlicher Briefstapel, sondern etwas, was jedem von uns ernsthafte Schwierigkeiten hätte bereiten können. Falls sie entdeckt würden, würden diese Fotos mit zwei mageren Männern in Gefängnisschlafanzügen als Verbrechen gegen den Staat angesehen werden.

Mein Besuchstag kam. Der Aufruf ertönte. Ich ging mit anderen Amerikanern in Leutnant Calzadas Büro, um entkleidet und durchsucht zu werden. Ich konnte viele Gefangene aus dem kubanischen Flügel sehen, denen keine Besuche zugestanden wurden; sie winkten mir zum Abschied. Der Wärter, der mich durchsuchte, die »Eule«, hatte aufgrund seiner Augenpartie diesen Spitznamen erhalten. Er war sehr oft betrunken, wahrscheinlich weil ihm seine Tätigkeit nicht gefiel. Von allen Wachtposten, die auch über ihn Witze machten, war er der streitsüchtigste und am wenigsten zur Zusammenarbeit bereit.

Für diesen Tag hatte ich viele Briefe sowie den Film bei mir. Eines der in meinen Darm eingeführten Päckchen war so lang, daß es mich beim Sitzen schmerzte.

»Ausziehen!« befahl die Eule barsch, als ich an die Reihe kam.

Da ich einer der wenigen Amerikaner war, der Spanisch sprach, versuchte ich ihn durch eine Unterhaltung abzulenken. Es war schwierig zu reden. Ich hatte auch eine in gelbes Papier eingewickelte Rasierklinge, um die Gummifinger von den Päckchen zu schneiden.

»So, wie geht's Abel?« fragte ich grinsend. Er sagte nicht viel und antwortete nur grunzend. »Es ist doch sicher hart, samstags zu arbeiten, nicht wahr? Wann hast du einen freien Tag?« (Wie sehr wünschte ich, daß er einen freien Tag hätte!) Die Tatsache, daß ich Spanisch mit ihm redete, schien ihn ein wenig zu besänftigen. Ich betete gleichzeitig.

Obwohl ich ausgezogen wurde, sah Abel den winzigen schwarzen Knopf nicht, den ich in meinen After gezwängt hatte. Die Gummifinger in meinem Körper waren mit einem Faden an diesem Knopf befestigt. Nach dieser Sitzung, und ehe ich meinen älteren Bruder traf, konnte ich mich verstecken, den Knopf fassen und das Material aus meinem Darm ziehen. Ich schnitt den Gummi ab, nahm die Päckchen und versteckte sie.

Danach war der Transport verhältnismäßig einfach. Wie gewöhnlich verlief er ruhig und gesammelt. Als mich Ofelia später besuchte, übergab ich ihr vier dieser Finger.

Während der kurzen gemeinsamen Augenblicke zeigte sie mir ein winziges Plastikpäckchen, das mit einem Gummiband umwickelt war und purpurfarbenes Pulver enthielt. »Was ist das, Schatz?« fragte ich und konnte meine Neugierde kaum im Zaum halten.

»Das ist pulverisierter Traubensaft«, sagte sie lächelnd.

»Ich dachte, wir könnten zusammen das Abendmahl feiern.«

Ich holte einige Kirchenlieder und Bibelsprüche in Spanisch hervor, die auf dem kleinen gelben Papier geschrieben standen, welches ich um die unter meiner

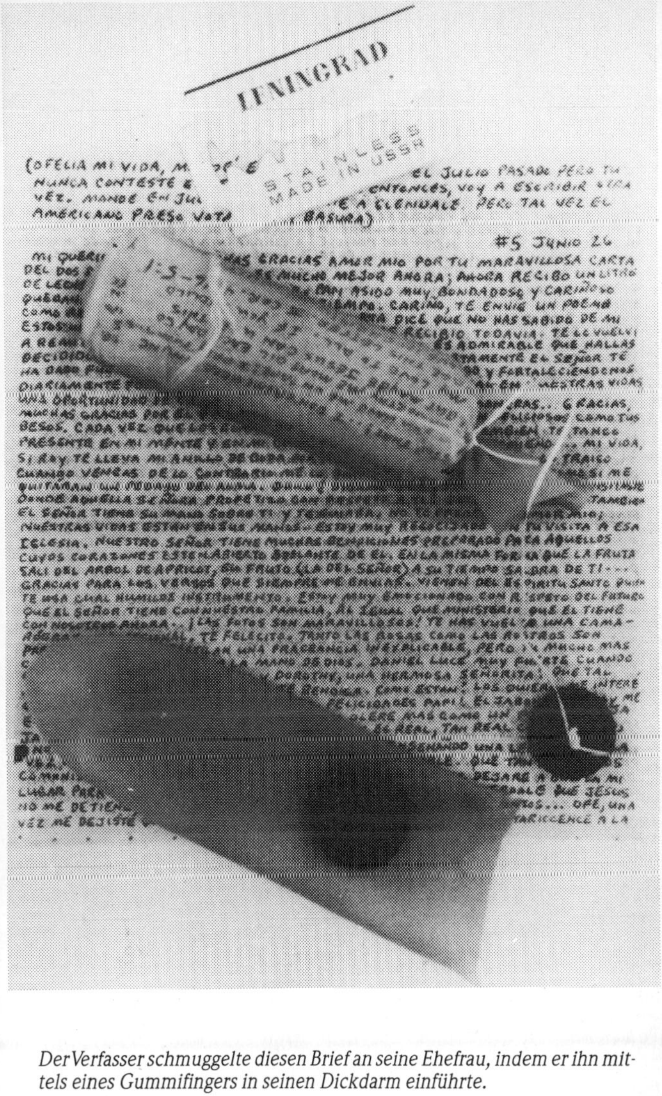

Der Verfasser schmuggelte diesen Brief an seine Ehefrau, indem er ihn mittels eines Gummifingers in seinen Dickdarm einführte.

Zunge versteckte Rasierklinge gewickelt hatte. Wir sangen ein paar Minuten besinnlich das Lied: »In Jesus ist Leben.« Dann lasen wir Matthäus 10, 37–39, denselben Abschnitt, der mir den Anstoß gegeben hatte, diese Mission zu erfüllen, während ich mich ansonsten den Behaglichkeiten des Zuhauseseins hingegeben hätte.

»Wer Vater oder Mutter ... Sohn oder Tochter mehr liebt als mich, der ist mein nicht wert ... und wer nicht sein Kreuz auf sich nimmt und folgt mir nach, der ist mein nicht wert. Wer sein Leben findet, der wird's verlieren; und wer sein Leben verliert um meinetwillen, der wird's finden.«

Diese Sätze hatten für uns beide besondere Bedeutung. Während ich mich im Gefängnis quälte, hatte auch Ofelia ihr Kreuz auf sich genommen. Auch sie hatte um des Herrn willen ihr Leben hingegeben. Obwohl uns aufgrund meiner Inhaftierung noch immer Tausende von Meilen trennten, fanden wir wahrhaftig Leben, wie wir es nie zuvor gekannt hatten.

Als wir allein in dem kleinen Besucherzimmer niederknieten, den Saft tranken und ein kleines Stückchen Keks aßen, erfüllte ein süßer Friede unsere Herzen.

»Herr Jesus«, rief Ofelia sanft, »wir wissen, daß Du hier Deinen vollkommenen Willen tust. Wenn es Zeit ist, Tom nach Hause zu bringen, wissen wir, o Herr, daß Du ihn befreien kannst.« »O Gott«, schloß ich mich an, »ich danke Dir für diese Zeit, diese kostbare Zeit, mit Ofelia. Ich danke Dir für Deine Fürsorge und Deinen Schutz für sie und die Kinder. Behalte sie immerdar in Deiner Hand, lieber Jesus. Du tust so eine wunderbare Arbeit. Wenn diese Schule abgeschlossen ist, dann schicke mich zurück zu ihnen, Herr. Danke Dir, Jesus.«

Wir trennten uns ohne Tränen, sondern mit einem Lächeln und dankbar für Seine Freude und Fürsorge.

XI

Wind in der Welt

Ich werde dem Herrn stets dankbar sein, daß Er diesen Seitenwind auf unserem letzten Flug geschickt hat, als die Evangeliumsbotschaft direkt über Ciego de Avila getragen wurde. Was Mel und mir nur teilweise bekannt war, blies nun ein anderer Wind auf der Welt, der Herzen bewegte, für uns zu beten und nach uns zu rufen. Es war der Wind des Heiligen Geistes.

Viele besorgte Leute haben heute den falschen Eindruck, daß Publizität hinsichtlich eines Gefangenen in einem kommunistischen Land die Obrigkeit veranlassen würde, ihn strenger zu behandeln. — Im Gegenteil, das ist gewöhnlich nicht der Fall. Unsere Freilassung bestätigt das. Vasile Rascol wurde in Rumänien vorzeitig aus dem Gefängnis entlassen, und Georgij Vins wurde aufgrund des Drucks seitens der Öffentlichkeit auf freien Fuß gesetzt und aus der Sowjetunion ausgebürgert.

Nachdem Merv Knight sich für uns eingesetzt hatte, schrieben in Australien 5 000 Australier an ihren Premierminister.

Christliche Missionen in Holland, Deutschland, der Schweiz, England, Kanada, Südafrika und Indien drängten Gläubige zur Liebe, indem sie ihre Lippen zum Gebet bewegten und sie zum Briefeschreiben oder zu Telefongesprächen veranlaßten. Christen in der Welt boten die 175 000 Dollar (ca. 350 000,- DM) an, die Castro als Lösegeld für uns verlangt hatte.

Nachdem Fidel von der Deponierung bei einer Vermittlerbank benachrichtigt worden war, forderte er sofort 300 000 Dollar (ca. 600 000.- DM). Dieser Sklavenhandel wird tagtäglich von der westdeutschen Regierung getätigt, die jährlich Millionen von Mark ausgibt, um Deutschstämmige zurückzukaufen, die in der Sowjetunion und in der DDR leben.

Meine Eltern und andere Menschen beteten, weinten und pochten an Kongreßtüren. John McLario von der »Christian Legal Defense« wurde beinahe in Havanna verhaftet, lediglich weil er unseren Fall erwähnt hatte. Vier Wochen, ehe unsere geplante Freilassung angekündigt wurde, veröffentlichte der *Miami Herald* das Foto meines Gefangenengesichts und das gesamte Fünf-Seiten-Kommuniqué, welches Mel und ich im Jahr zuvor verfaßt hatten. Das Schreiben wurde in mehreren christlichen und weltlichen Zeitschriften veröffentlicht. Es wurde am 17. August 1980 sogar ins Kongreßprotokoll aufgenommen — sieben Wochen, ehe unsere Freilassung angekündigt wurde. Während des Präsidentenwahlkampfs Carter-Reagan stand Castro, der Reagan haßte, deutlich unter Druck. Er schrie und tobte mehrere Male im kubanischen Fernsehen und nannte Reagan einen »Adolf Hitler«. Die meisten von uns sind der Ansicht, daß dies ein entscheidender Faktor bei unserer Freilassung war. Der ägyptische Pharao ließ die Israeliten aus politischen Motiven ziehen, aber Gott war der Urheber.

Das Rückgrat der Bemühungen, die wirkliche Macht, waren die Millionen Christen, die ihre Lippen zu der wirksamsten Kriegsführungsart formten — zum Gebet. Wir erfuhren später, wie Afrikanern, Philippinos, kubanischen Amerikanern, älteren Damen in Kalifornien, Männern und Frauen in Texas und Oklahoma sowie Teenagern in Florida Tränen übers Gesicht liefen, die alle das schärfste Schwert schwangen, das die Menschheit je gekannt hat; das Schwert des Heiligen Geistes.

Unsere offizielle Freilassung wurde am 13. Oktober bekanntgegeben, aber infolge von Bürokratie und Koordinationsmangel zwischen beiden Regierungen schmachteten wir zwei weitere Wochen im Gefängnis. Das war eine ausgezeichnete Geduldsprobe. So nahe und doch so weit entfernt zu sein – und noch 22 1/2 Jahre abzusitzen. Von allen auf Kuba inhaftierten amerikanischen Gefangenen war unser Fall der weitaus ernsteste. Ich behielt Castros Worte bezüglich unserer »außergewöhnlichen Umstände« im Gedächtnis. Doch ich wußte, daß Gott uns half. Es war für viele auch eine Zeit ungeheurer Spannungen, emotionaler Höhen und dunkler Tiefen. Alle unsere Handtücher, kleinen Fetzen und persönlichen Habseligkeiten, die während unserer drei »Freilassungen« zurückgelassen worden waren, waren beschlagnahmt worden. Angst, Furcht, Hoffnung und Freude jagten ungehindert die Gänge auf und ab.

Matt und andere Amerikaner zeigten mir aufgeregt eine zwei Monate alte Mitteilung von einer Kirchengemeinde in Florida. Die Gebetsgruppe hatte versprochen, »bis zum 15. Oktober« für uns zu beten. An diesem Tag benachrichtete uns Gefängnisoberst Pacheco Silva offiziell. Gott, und nicht Pacheco, hatte die Kontrolle inne.

Ich machte meine üblichen täglichen Übungen mit Glen, tauschte mit Mel Aufzeichnungen und Kommentare über die neuesten Nachrichten aus und versuchte, normal zu leben. Doch die Hoffnung klopfte in mir wie ein zweites Herz und durchzog die Brust. Wir alle versuchten keine Luftschlösser zu bauen. Wir wollten später nicht verletzt werden, wenn ein Zusammenbruch käme. In der Tat brachten viele bei einer unserer falschen Freilassungen auf dem Rückweg zum Gefängnis Angst und Schmerz zum Ausdruck. Ich »arbeitete« fortwährend daran, im Herrn zu bleiben. Der beste Weg war wieder einmal der des Gesangs.

Das Loblied, das man bei meiner Taufe gesungen hatte, hieß: »Wohin Er mich führt, ich werde folgen.« Ich sang es beim Gehen. Wenn mir von anderen Häftlingen oder vom Innern meiner Seele heraus warme und kalte Gefühle entgegenschlugen, dachte ich an dieses Lied. Ich kaute, schluckte und glaubte es.

Mel und ich konnten jederzeit aus der Bahn geworfen werden. Die Kommunisten haben Spaß an psychologischer Kriegsführung. Zu Christen, die an der Universität graduieren wollten, sagte man: »Kein Diplom für Dich.« Kubanische Gefangene, von denen ich wußte, daß sie auf Entlassungslisten standen, hatten ihre Habseligkeiten gepackt, nur um am Tag ihrer Entlassung gesagt zu bekommen: »Tut uns leid, Dein Name steht nicht da.« Alles war im voraus teuflisch geplant worden.

Wir bereiteten uns jedoch weiterhin auf unsere Freilassung vor, da wir glaubten, daß sie jederzeit kommen konnte. Mel schmuggelte seine Bibel zu den kubanischen Gefangenen hinüber. Obwohl bei ihnen christliche Literatur beschlagnahmt wird, vor allem jegliche englischsprachige Lektüre, beteten wir, daß sie unentdeckt bleiben möge. Meine Bibel ging auch an einen

Gefangenen. Ich bereitete Päckchen mit Briefen meiner kubanischen Brüder vor und führte sie, als die endgültige Aufforderung kam, in meinen Körper ein.

Unsere Gefangenenbusse fuhren direkt zum Flugplatz in Havanna, wo man uns zu einem von der Air Florida gecharterten Düsenverkehrsflugzeug brachte, das darauf wartete, uns nach Hause zu bringen. Ein paar Wagenladungen von G-2-Polizisten und anderen Offiziellen parkten in unserer Nähe. Wir sprachen wenig, denn selbst jetzt, da wir in das Flugzeug einstiegen, konnten sie uns noch beiseite nehmen: »Tut uns leid, es ist ein Fehler unterlaufen. White! Bailey!« — Doch nein, keine derartigen Worte fielen. Wir gingen an Bord, legten unsere Sitzgurte an und wunderten uns über die sauberen Teppiche, die Klimaanlage und die höflichen, zuvorkommenden Flugbegleiter! Sie lächelten. Sie sorgten sich. Aber wir waren immer noch auf Kuba.

Das Heulen der startenden Motoren ließ mich erschauern. Mit Gebrüll rollte die Boeing 737 ungeduldig zum Startbahnende, wendete und rollte schneller, schneller, schneller; tropische Pflanzen und Palmen schossen an uns vorbei! »Los, Schatz, los! Vorwärts ... vorwärts ... schneller ... schneller ... gib Gas!« Es schien, als ob unsere Rufe und Tränen das Flugzeug noch rascher von der Startbahn drängten. Ich spähte hinunter auf die Insel und dachte an Noble, Vargas, Armando und die anderen, den neuen Teil meiner Familie, den ich hinter mir zurückließ.

Bei unserer Landung in Tamiami, einem kleinen Flugplatz südlich von Miami, hielten wir vor Hunderten von gespannten Reportern und surrenden Kameras.

Mel und Mary Bailey mit Kindern Sheila und David.

Eine große Fahne wurde von zwei Frauen geschwenkt — Ofelia umd Mary, unseren Ehefrauen.

»Willkommen daheim, Mel und Tom, es gibt keinen Gott wie den unseren!« stand darauf. Ein kleiner Junge in einer roten Latzhose spielte mit seiner großen Schwester auf dem Rasen.

»Hei, ihr Burschen!« schrie ich lachend und rief den anderen in der Kabine zu: »Seht ihr diesen Jungen? Seht ihn euch an! Ja, den dort drüben. Er gehört mir! Er heißt Daniel. Und das ist Dorothy und meine Frau Ofelia.«

Jedes Gebet, jeder Artikel und jeder Brief, der über uns geschrieben wurde, während wir im Gefängnis waren, und jedes Wort, das jetzt gesprochen wird, erinnert mich an einen Zimmermann, der mit starken, rauhen Händen einen glänzenden Nagel genau über ein mit Bleistift markiertes Kreuzchen hält. Geschwind, sauber und entschlossen schlägt er den Nagel in das Brett; einen zweiten Nagel und noch einen, gehämmert mit Geduld, Entschlossenheit und Fertigkeit. Unser großer Zimmermann möchte, daß wir so handeln; mit Weisheit, die wir aus unserem Lehrbuch, der Bibel gelernt haben, und mit Sanftmut, die wir durch den gütigen Einfluß des Heiligen Geistes erhalten. Jeden Tag nehmen wir die Nägel, die Er uns gibt, in die Hand und hämmern auf die Marke.

Seit ich Kuba verlassen habe, bin ich in erschöpften Zeiten versucht gewesen, den Hammer beiseite zu legen und die Nägel in einer Schublade zu verstauen. Das Leben außerhalb von Gefängnismauern ist weitaus komplexer. Der christliche Arbeiter und die Familie stehen jeden Tag vielen gleichnamigen Problemen gegenüber. Wenn ich aber zurückblicke und die gütige, barmherzige Hand Gottes über meinem Leben in diesem speziellen Bereich sehe, erkenne ich, daß Er mir einen Hammer gegeben hat, und zwar einen, der in meine Hand paßt und das richtige Gewicht für mich zum Tragen hat. Mein persönliches Kreuzchen steht über Kuba und anderen kommunistischen Ländern, wo Tausende meiner Brüder und Schwestern im Gefängnis leiden müssen. Die extrem kurze Zeitspanne meines Erdenlebens wird den großen Kurs einer Nation nicht ändern. Aber Gott verlangt das auch nicht von mir. Er verlangt nach meinem Herzen. — Nur das.

Ein paar Monate vor jenem letzten Flug über Kuba hatte ich an einem Essen teilgenommen, bei dem der

Redner ein Beispiel benutzte, das für mich reiche Bedeutung hat. Es wurde so etwas wie eine Prophezeiung, und sie trifft noch immer zu.

»Ein kleiner Vogel wurde durch einen großen Waldbrand aufgescheucht«, begann der Redner. »Der Vogel flog zu einem nahegelegenen Fluß und kehrte zu dem Brandherd zurück, wobei er jedes Mal einen kleinen Wassertropfen aus dem Schnabel fallen ließ. Das ungeheure Feuer schenkte seinem Handeln keine Beachtung. Im Gegenteil, die Flügel des Vogels wurden stark angesengt. Doch er flog immer wieder zurück, obwohl kein sichtbarer Erfolg gegen die Flammen erzielt wurde. Schließlich starb der Vogel, gefangen in einem Netz. Doch er verlor die Schlacht nicht. Gott hatte keinen Erfolg gefordert. Er verlangt ein liebendes Herz. Der Vogel hat gewonnen.«

Erbarmen mit den Notleidenden liegt im innersten Wesen des Evangeliums. Christliche Liebe bedeutet Opfer. »Gedenket der Gebundenen als die Mitgebundenen und derer, die Trübsal leiden, als solche, die auch noch im Leibe leben«, schrieb Paulus. »Wohlzutun und mitzuteilen vergesset nicht; denn solche Opfer gefallen Gott wohl« (Hebr. 13, 3. 16).

Während des 2. Weltkriegs trugen Christen, die ihren Protest gegen die Judenverfolgung der Nazis zum Ausdruck bringen wollten, den Davidsstern. Sie waren bereit, ihr Leben für dieses unterdrückte Volk zu opfern. Unsere christlichen Brüder, die Verfolgung und Folter seitens der Kommunisten leiden, kennen die Bedeutung des Opfers sehr wohl.

Ich habe die Zeichen gesehen, die die Unterdrücker dem Gottesvolk aufgedrückt haben. Viele Verfolgungen, von denen wir in der Bibel lesen, finden heute hinter dem Zuckerrohrvorhang und in kommunistischen Ländern statt. Das furchtbare Leiden, das gewöhnlichen Menschen auferlegt wird, bringt Glaubensvorbilder hervor, die nie vergessen werden dürfen. Mit großer Bedeutung sagt der Apostel Paulus: »Ich trage die Malzeichen des Herrn Jesu Christi.«

Wir können auf vielerlei Art ein Freund der Märtyrer sein. Erstens, mit unserem Gebet. Gott tut ein ungeheures Werk unter den Gläubigen auf Kuba, aber Er hat die Aufgabe in unsere Hand gelegt, diese Lieben mit unseren Gebeten zu unterstützen. Wir können uns für christliche Führer, Kirchen und Gefangene einsetzen. Wir können für die Kommunisten beten und für die über zehn Millionen Kubaner unter ihren Stiefeln.

Zweitens, durch kreatives Denken. Mit unserem herrlichen Verstand können wir denken, erfinden, bauen, arbeiten und potentiell große Taten vollbringen. Ich habe mich der Sache geweiht, der kubanischen Kirche die Last zu erleichtern. Wir besitzen den Heiligen Geist, die Liebe, die Technologie, die Energie und die Zeit. Gott hat die Mittel, die Macht und die Weisheit. Gemeinsam können wir unseren geknechteten Brüdern die Wärme und Hoffnung Seines Wortes bringen.

Drittens, durch Briefeschreiben. Die kubanischen kommunistischen Behörden fürchten sich und wundern sich über unser Licht. Sie erkennen die ehrfurchtgebietende Macht dieser »Waffen« anderer Art. Unsere Briefe bringen Gläubigen, die sich nach der Gemeinschaft liebender und sorgender Christen in freien Ländern sehnen, Hoffnung und Ermutigung.

Viertens, durch Untersuchung der Lage der Märtyrer.

Widersprüchliche Berichte und Ansichten über die wahre Situation der verfolgten Kirche können uns verwirren und uns in unserer Aufgabe verunsichern. Wenn wir die Wahrheit aufdecken, werden wir innerhalb unserer Reichweite effektiver.

Fünftens, durch Unterstützung christlicher Gruppen, die auf legale Weise Sendezeiten für Evangeliumsbotschaften in spanischer Sprache nach Kuba kaufen. Bei der Krebsbekämpfung wird der Tumor mit starker Bestrahlung bombardiert. Diese Rundfunksendungen und andere Bemühungen, den Zuckerrohrvorhang mit dem Evangelium zu durchdringen, sind mächtige Bombardierungen gegen den kommunistischen Krebs auf Kuba. Kein Ort der Welt kann den durchdringenden Rundfunkwellen Jesu entrinnen. Dank diesem nicht zu stoppenden Prediger, dem Rundfunk, kann Gottes Wort in den entlegendsten Dörfern gehört werden.

Gott kann jeden von uns dazu benutzen, ob wir im Lehnstuhl oder im Flugzeug sitzen, Seinen großen Auftrag als geistliche Invasionsmacht zu erfüllen! Die Zeit ist kurz. Wir sind in einem Wettlauf begriffen. Wir haben den Staffelstab in der Hand. Die Ziellinie liegt vor uns.

Beim Besuch einer unlängst in Washington D. C. abgehaltenen nationalen Konferenz für religiöse Sendeleiter träumte ich, daß ich auf einer mit rotem Lehm verschmutzten Straße stünde und auf meine Füße hinabschaute. Aus irgendeinem Grund trug ich Rennsportschuhe, obwohl ich nicht weiß, wie sie an meine Füße kamen. Sie waren aufgeknotet. Ich beugte mich hinunter, um sie zu schnüren, zog flink die weißen Schnürsenkel an und genoß die nette Atmosphäre. Als ich mich wieder aufrichtete, sah ich meinen Bruder Noble mit seinem lächelnden schwarzen Gesicht, den kahlköpfigen Cleto, den mageren alten Martell und den grauhaarigen Vargas, die hinter meiner rechten Schulter heransprinteten. Sie machten einen Augenblick neben mir halt; sie trugen von Hand genähte Gefängnisanzüge, weiße Hemden und Shorts aus Bettlaken. Sie sagten nichts, schauten mich erwartungsvoll an. Wir begannen, die Aschenbahn hinunterzulaufen ... zusammen ... im Wettlauf.

Ich fragte mich, was mein Traum bedeutete.

Eine Fernsehstation aus den USA wird in Kürze die christliche frohe Botschaft und Hoffnung in Richtung Havanna ausstrahlen. Das Wettrennen?

Rund 80 000 Touristen besuchen Kuba alljährlich. Wie viele mögen ein einziges, winziges Johannesevangelium in ihrer Manteltasche tragen? Das Wettrennen?

Wer wird sich opfern? Laufen kann schmerzhaft, aber auch erfreulich sein!

Kuba ist eine von Wasserketten umschlossene Insel. Das Lieblingslied, das wir im Gefängnis sangen, welches immer geistliche und manchmal auch physische Wirklichkeit wurde, war *»Cristo Rompe Las Cadenas!« Christus bricht die Ketten!* Jetzt kann ich das Wettrennen sehen — in dieser Rundfunkstation, in diesen Touristen, in unseren Briefen, in unseren Gebeten, in den vielen anderen Methoden, die Gott offenbaren wird, wie wir dieser Insel in Fesseln Freiheit bringen können.

Am Ende dieses Wettlaufs werden wir nicht nur ein schönes Band durchbrechen. Unsere Brust wird voll des Heiligen Geistes auch viele Ketten durchbrechen.

Epilog

Ich verfaßte das folgende Gedicht im Gebäude II auf dem vierten Stockwerk des Gefängnisses Combinado del Este.

Ich widme es meinen Brüdern und Schwestern in Christo auf der Gefängnisinsel Kuba, denen, die uns heute siegreich mit dem 2. Brief des Paulus an die Korinther 6, Vers 5 u. 10 grüßen: » . . . in Schlägen, in Gefängnissen, in Aufruhren, in Mühen, in Wachen, in Fasten . . . als die Traurigen, aber allezeit fröhlich; als die Armen, aber die doch viele reich machen; als die nichts haben, und doch alles haben.«

Gitterstangen des Lichts

Gitterstangen des Lichts
teilen unsere Stahlkathedrale,
Sonnenstrahlenfinger
brechen durch den Gang
und verweilen
auf geheiligten Gesichtern.

Frei
von Angst, Furcht und Haß
innen reingewaschen
singen wir
und warten.

Wir seufzen,
lächeln, aber
wir wissen, daß Gott
unsere Lungen
wieder füllen wird.

Der Verlag unterstützt eine weltweite Hilfsarbeit an bekennenden und verfolgten Christen im kommunistischen Machtbereich. Im deutschsprachigen Raum unter dem Namen »Hilfsaktion Märtyrerkirche« (HMK) bekannt. Der Verlag gibt hier die jeweiligen Adressen und Spendenkonten für Ihr eventuelles Interesse bekannt:

HMK-DEUTSCHLAND
HMK, Postfach, 7772 Uhldingen 1
Spendenkonto:
Postscheckkonto Dortmund 7711-461
Sparkasse Salem-Heiligenberg
(BLZ 690 517 25) 2012003

HMK-SCHWEIZ
HMK, Postfach 1182, 3601 Thun
Spendenkonto:
Postcheckkonto Zürich 80-4309-4

HMK-ÖSTERREICH
HMK, Postfach 33, 1213 Wien
Spendenkonto:
Die Erste österreichische Spar-Casse-Bank,
A-1210 Wien, (BLZ 20111) Kto. 063-12268

HMK-CANADA
Jesus to the Communist World INC.
P.O. Box 117, Port Credit
Mississauga L5G 4 L5, Canada, Ontario

WEITERE BÜCHER DER STEPHANUS EDITION

Richard Wurmbrand:	Gefoltert für Christus Erreichbare Höhen Antwort auf Moskaus Bibel Christus auf der Judengasse Kleine Noten die sich mögen Wo Christus noch leidet Ein Brand aus dem Feuer Atheismus – ein Weg?
Sabine Wurmbrand:	Mit und ohne Richard
Mihai Wurmbrand:	Christus oder die rote Fahne
Shifrin:	UdSSR-Reiseführer Das Verhör Die 4. Dimension
Schweckendiek:	Jesus gestaltender Künstler
Braun:	Flug über die Grenze
Kohls:	Gebt dem Evangelium Raum Jesus Christus bekennen
Padberg/Lohrey:	Der Griff nach den Kindern
Gitt/Wermke:	Schöpfung oder Evolution
Bullinger:	Die zwei Naturen im Kinde Gottes
Edwards:	Der Geächtete Gottes
Kuijt:	Die Reise nach Pjotr und Lamir
Löw:	Ein Splitter vom Kreuz
Latk:	Kirche im Sozialismus
Jung:	„Albanien“ Ein Reisebericht
Katterfeld:	Der dritte Ruf
Shephard:	Reagan: ich vertraue auf Gott